베트남의 영원한 사랑 호 아저씨

호찌민 이야기

웅진주니어

베트남의 영원한 사랑 호 아저씨
호찌민 이야기

초 판 1쇄 발행 2008년 6월 20일
초 판 7쇄 발행 2020년 8월 1일

글쓴이 조영권 | 그린이 장호
발행인 이재진 | 도서개발실장 조현경 | 편집인 이미혜
편집주간 이화정 | 편집 이복희 | 디자인 하늘·민
마케팅 이현은, 정지운, 양윤석, 김미정 | 제작 신홍섭

펴낸곳 (주)웅진씽크빅
주소 경기도 파주시 회동길 20 (우)10881
주문전화 02)3670-1191, 031)956-7325, 7065 | 팩스 031)949-0817 | 내용문의 031)956-7402
홈페이지 wjbooks.co.kr/WJBooks/Junior | 블로그 wj_junior.blog.me
페이스북 facebook.com/wjbook | 트위터 @wjbooks | 인스타그램 @woongjin_junior
출판신고 1980년 3월 29일 제406-2007-00046호 | 제조국 대한민국

ISBN 978-89-01-08237-0 · 978-89-01-10754-7(세트) 74990

글 ⓒ 조영권 | 그림 ⓒ 장호
사진 제공 조영권, 주한베트남대사관, 베트남 문화부

웅진주니어는(주)웅진씽크빅의 유아·아동·청소년 도서 브랜드입니다.
저작권자와 맺은 특약에 따라 검인을 생략합니다.
이책은 저작권법에 따라 보호받는 저작물이므로 무단전재와 무단복제를 금지하며,
이 책 내용의 전부 또는 일부를 이용하려면 반드시 저작권자와(주)웅진씽크빅의 서면 동의를 받아야 합니다.

잘못 만들어진 책은 바꾸어 드립니다.
※주의 1_책 모서리가 날카로워 다칠 수 있으니 사람을 향해 던지거나 떨어뜨리지 마십시오. 2_보관 시 직사광선이나 습기 찬 곳은 피해 주십시오.
웅진주니어는 환경을 위해 콩기름 잉크를 사용합니다.

베트남의 영원한 사랑 호 아저씨
호찌민 이야기

조영권 글 | 장호 그림

웅진주니어

호찌민을 향한 베트남의 변함없는 우정

박원순 (희망제작소 상임이사)

  훌륭한 지도자가 있다는 것은 국민들에게 더 없는 행운이자 행복입니다. 위대한 지도자는 역사를 이어가며 후손들에게 삶의 등대가 되고, 민족의 운명을 개척하는 용기와 열정의 불꽃이 됩니다. 아마 세기를 넘나들며 호찌민만큼 온 국민들에게 사랑과 존경을 받은 지도자는 드물 것입니다. 베트남에서 남녀노소를 막론하고 호찌민은 여전히 국민들의 정신적인 지주이자 마음의 연인처럼 간절하게 사랑 받고 있습니다.

  베트남은 1858년부터 117년 동안 프랑스에 지배 당하고, 1945년 일본 패망 후에는 30년 동안 전쟁과 남북 분단, 그리고 다시 전쟁으로 이어지는 아픈 역사를 갖고 있습니다. 20세기 폭력과 전쟁의 역사 그 한복판에서 베트남은 철저하게 희생되었던 민족입니다. 제국주의의 열강들에 의해 국토는 둘로 나뉘어 이념의 각축장이 되었고, 베트남 민족은 그들의 포로나 마찬가지였습니다. 1945년 베트남 독립선언부터 1975년 베트남의 통일에 이르기까지 반제국주의 운동과 민족해방운동의 중심이 되었던 인물이 바로 호찌민입니다.

　호찌민은 열정적인 생애를 살았습니다. 호찌민은 한치 앞을 내다볼 수 없는 힘겨운 현실 속에서도 독립 투쟁을 한다는 것에 한없는 행복감을 느꼈다고 합니다. 그 유명한 동굴 투쟁의 시기에도 그를 일으켜 세운 것은 독립에 대한 열망과 민족에 대한 뜨거운 사랑이었습니다.
　비록 그는 사랑하는 조국 베트남의 통일을 보지 못하고 1969년 안타까운 죽음을 맞이했지만, 그의 사상과 지도력은 조금도 흐트러짐 없이 베트남 국민들을 단결시켜 마침내 세계 최강대국 미국을 물리치고 조국의 통일을 이루어 냅니다.
　베트남은 오랜 시간 출구가 보이지 않는 암울한 역사를 살았지만, 호찌민이라는 위대한 지도자가 남겨놓은 불굴의 의지와 정신은 오늘날 눈부시게 발전해 가는 베트남의 저력이자 원동력이 되고 있습니다. 민족과 역사를 한없이 사랑한 호찌민, 그리고 그를 닮아 가려는 베트남 국민들의 마음에는 시간이 지나도 변하지 않는 끈끈한 역사의 우정이 흐르고 있습니다.

호찌민 이야기 • 차례

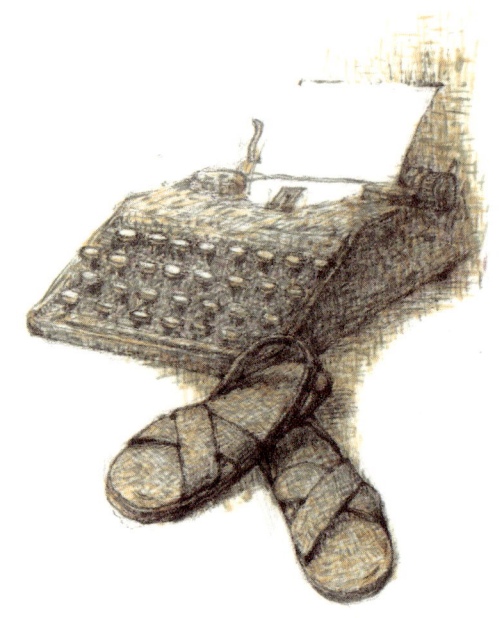

추천사 | 호찌민을 향한 베트남의 변함없는 우정(박원순) - 4

1945년 9월 2일 바딘 광장 - 8
1969년 9월 2일 바딘 광장 - 12
1975년 4월 30일 사이공 - 16

가슴 뜨거운 아시아의 젊은이 …… 24

슬픔과 저항의 땅에서 …… 36

젊은 혁명가 …… 52

조국의 독립을 위하여 …… 64

끝없는 시련 …… 78

동굴 투쟁 …… 94

양지로 나온 혁명가 …… 106

끝이 보이지 않는 전쟁 …… 120

호찌민과 베트남 …… 140

지은이의 말 | 국민들과 하나 된 지도자 - 152
연보 - 154

1945년 9월 2일 바딘 광장

베트남 하노이에 있는 프랑스 총독부 건물 앞 공원. 나중에 바딘 광장이라
이름 붙여진 곳. 이곳에선 80여 년 식민 지배를 받았던 베트남의 독립 선포식이
거행되고 있었다. 또한 조국 독립의 위대한 지도자 호찌민이
베트남 민주공화국의 초대 주석으로 처음 얼굴을 내놓는 날이었다.

"동포 여러분, 내 말이 잘 들립니까?"

"예-."

1945년 9월 2일 오후 2시. 베트남 하노이에 있는 프랑스 총독부 건물 앞 공원. 나중에 바딘 광장이라 이름 붙여진 곳.

그다지 성능이 좋지 않은 스피커에서 호찌민의 목소리가 흘러나오면 수만 명 군중들이 합창하듯 대답했다.

호찌민이 카랑카랑한 목소리로 외쳤다.

"이제 우리는 기나긴 식민지 압제에서 완전히 해방되었습니다."

호찌민은 품속에서 독립선언문을 꺼내 읽기 시작했다.

"모든 인간은 평등하게 태어났다……."

바딘 광장에선 80여 년 식민 지배를 받았던 베트남의 독립 선포식이 거행되고 있었다. 또한 이날은 조국 독립운동의 전설적인 지도자 호찌민이 베트남 민주공화국의 초대 주석으로 처음 얼굴을 내놓는 날이었다. 사람들은 이른 새벽부터 바딘 광장으로 몰려들고 있었다.

연설은 계속됐다.

"창조주는 인간에게 절대 포기할 수 없는 몇 가지 권리를 주었다. 생명과 자유와 행복을 추구할 수 있는 권리이다……."

호찌민의 목소리는 높고 가늘었지만 힘이 넘쳤다. 깡마른 얼굴에 호리호리한 체격, 이웃집 아저씨처럼 보이는 호찌민은 더운 날씨에도 목까지 단추를 꽉 채운 카키색 인민복 차림이었다.

독립선언문을 읽어 나가던 호찌민이 다시 물었다.

"동포 여러분, 내 말이 잘 들립니까?"

"예–."

바딘 광장은 9월의 무더위와 어우러져 뜨겁기만 했다.

사람들의 열기도 하늘과 땅에 가득했다. 하노이 도시 전체가 축제 분위기였다. 감격과 환희가 흘러 넘쳤다.

호찌민은 8월 15일 일본이 항복을 선언한 뒤 불과 18일 만에 임시정부를 구성하고 독립을 선포하기까지 거침없이 달려왔다.

하지만 기쁨은 뜬구름 같은 것. 새로운 비극이 시작되고 있었다. 80년 넘게 이어진 프랑스와 일본의 식민 지배에서 겨우 벗어나는 듯했지만 또 다른 불행의 씨앗이 운명처럼 자라나고 있었다.

독립선언은 베트남 북쪽에만 해당되는 것이었다. 남쪽에는 프랑스 군대가 다시 몰려오고 있었다.

호찌민은 베트남 하늘을 향해 밀려오는 시커먼 전쟁의 그림자를 보고 있었다.

1969년 9월 2일 바딘 광장

바딘 광장은 24년 전의 독립선언을 기념하는 축제 분위기로 뜨겁게 달아올라 있었다. 하지만 바로 이 순간, 오늘의 주인공이어야 할 호찌민은 병상에서 죽음의 신과 마지막 싸움을 하고 있었다. 베트남 민주공화국 국가 지도자들의 몸은 바딘 광장에 있었지만 마음은 온통 호찌민의 병상으로 가 있었다.

1969년 9월 2일 오전 9시 47분. 24년 전 독립선언문을 낭독했던 호찌민은 바로 그날 79년의 삶을 마감했다. 그리고 이 사실은 24시간 동안 비밀에 부쳐졌다. 덕분에 바딘 광장의 독립 기념행사는 순조롭게 끝났다. 하지만 북베트남 정부는 고민에 빠졌다. 이 위대한 지도자의 마지막 길을 어떻게 장식해야 할까?

"호찌민 주석이 죽어서 우리 국민들이 절망에 빠지면 전쟁이 더 어려워지는데……."

지금 베트남은 남과 북으로 갈라져 같은 민족끼리 전쟁을 하는 중이었다. 위대한 지도자 호찌민이 세운 베트남 민주공화국, 북베트남과 미국의 지원을 받는 남베트남이 전쟁을 벌이고 있었다. 하지만 남베트남은 미국이 도와주지 않으면 하루도 버티지 못할 만큼 국민들의 지지를 잃은 지 오래였다. 전쟁은 남북 간의 동족 전쟁이 아니라 베트남과 미국의 전쟁이었다.

호찌민은 자신의 죽음을 앞두고 4년 전에 유언장까지 작성해 두었다.
"내가 죽은 뒤 웅장한 장례식을 치르지 말라. 동포들의 돈과 시간을 그런 데에 낭비하지 말라. 내 시신은 화장시켜 달라. 나는 화장이 일반화되기를 바란다. 타고 남은 재는 언덕에 뿌려 달라. 또 일부를 남겨 두었다가 우리 민족이 통일되거든 남베트남 동포들에게 전해 달라."
 그러나 이 유언은 지켜지지 않았다. 북베트남 지도자들이 고민 끝에 호찌민의 시신을 특수 처리해서 누구나 참배할 수 있게 공개하기로 결정한 것이다.
 호찌민의 죽음이 알려지자 전국에서 호찌민을 애도하는 열풍이 일었다. 심지어 남베트남에서도 관리들의 눈을 피해 호찌민의 추모식이 이어졌다. 호찌민은 남과 북을 떠나서 베트남 모든 사람들을 하나로 묶어 주는 강력한 상징이었다.

1975년 4월 30일 사이공

북베트남 탱크들이 사이공 도심을 향해 달려갔다. 어떤 저항도 없었다.
드디어 기나긴 전쟁은 끝이 났다. 곧 사이공 시는 호찌민 시로 이름이 바뀌었다.
호찌민은 살아서 조국의 통일을 보지는 못했지만, 이름만은 살아서
조국의 나머지 반쪽 땅으로 돌아온 것이다.

아침 일찍 북베트남 탱크들이 우르릉거리며 사이공 도심을 향해 달려갔다. 북베트남 군인들은 두 줄로 질서 정연하게 사이공 거리를 행진했다. 어떤 저항도 없었다.

4일 전인 1975년 4월 26일, 북베트남은 남베트남의 수도인 사이공을 향해 총공격을 시작했다. 작전명은 '호찌민 대작전'.

탱크가 미국 대사관 앞을 질주했다. 주인은 없고 대문은 활짝 열려 있었다. 불과 두 시간 전에 대사관 지붕에서 마지막 헬리콥터가 탈출자들을 태우고 도망친 뒤였다.

탱크는 남베트남 대통령 궁 철문 앞에 다다르자 잠시 주춤하는 듯하더니 그대로 들어가 넓은 잔디밭에서 멈추어 섰다. 이틀 전 남베트남의 대통령은 대만으로 도망쳤다. 금 2톤을 비행기에 싣고서.

젊은 장교가 탱크에서 뛰어내려 건물 안으로 들어갔다. 그곳에는 정확히 48시간 전에 새로 취임한 남베트남 대통령과 장관들이 줄지어 서서 북베트남 군인들을 기다리고 있었다.

"우린 항복하기 위해 그대들을 기다리고 있었소."

"당신들에겐 이미 항복할 자격이 없소."

북베트남 군인들은 건물 옥상으로 올라가 남베트남 국기를 내리고 베트남 민주공화국의 국기를 올렸다.

1975년 4월 30일 오전 11시 30분.

기나긴 전쟁이 끝났다. 길게 보면 프랑스 제국주의가 베트남에 상륙했던 1858년부터 117년, 짧게는 1945년부터 30년 동안 베트남의 독립과 통일을 위해 세계의 강대국들과 싸운 전쟁이었다. 드디어 베트남 국민들은 스스로의 힘으로 완전한 독립과 통일을 이룩하였다.

사이공 시는 호찌민 시로 이름이 바뀌었다.

호찌민이 떠난 지 6년.

호찌민은 살아서 그토록 바라던 조국의 통일을 보지 못했지만, 이름은 살아서 조국의 나머지 반쪽 땅으로 돌아왔다.

바딘 광장은 넓고 깨끗하다. 절반은 시멘트로 잘 포장돼 있고 나머지는 잡초 한 포기 없는 잔디밭이다. 광장 앞 한가운데에는 거대한 돌기둥으로 둘러싸인 호찌민 묘소가 있다.
 땡볕 아래 긴 행렬이 늘어서 있다. 기온은 30도가 훌쩍 넘고 습도 또한 90퍼센트가 넘는다. 가만히 서 있기만 해도 땀이 줄줄 흐른다. 하지만 사람들은 무작정 서 있다. 대부분 평범한 베트남 국민들이다. 이들은 아주 잠깐 호찌민의 시신을 참배하기 위해 몇 시간씩 무더위 속에서 기다리고 또 기다린다.

맑은 유리관 안에서 호찌민은 편안한 얼굴로 잠들어 있다. 상대방의 영혼까지 꿰뚫어 볼 정도로 강렬하던 눈은 지금 조용히 감겨 있다. 베트남 사람들은 지금도 그를 '호 아저씨'라고 부른다. 호 아저씨는 저 유리관 안에서 무슨 생각에 잠겨 있을까? 도대체 호찌민은 베트남 사람들에게 어떤 존재일까? 죽은 지 30년이 넘었는데 아직도 그에 대한 존경과 사랑이 식지 않는 까닭은 무엇일까?

가슴 뜨거운 아시아의 젊은이

엄동설한 겨울의 초라함이 없다면
따스한 봄날의 찬란함도 결코 없으리

-〈옥중일기〉'스스로 힘쓰며' 중에서

1911년 6월 사이공 항구

6천 톤 증기선 아미랄 라투셰 트레빌 호가 천천히 메콩 강(베트남, 라오스, 캄보디아를 흐르는 동남아시아 최대의 강)을 미끄러져 나갔다. 뱃머리에 솜털을 갓 벗은 청년 하나가 희망과 불안이 뒤섞인 표정을 하고 서 있었다. 청년은 아득히 멀어지는 사이공 항구를 바라보며 입술을 지그시 깨물었다.

1911년 6월 초, 스물한 살 호찌민은 조국 베트남을 떠났다. 그 뒤 30년 동안 다시 돌아오지 못한 긴 유랑의 길이었다.

배에서 바라보는 사이공은 슬픔에 싸여 있었다. 조국 베트남은 50년 넘게 프랑스 식민 지배에 신음하고 있었다. 헐벗은 조국의 모습을 뒤로 한 채 청년 호찌민은 주먹을 단단히 쥐었다.

"내 조국을 위해 앞으로 나는 무엇을 할 수 있을까?"

그때 호찌민의 이름은 응우옌땃타인('반드시 승리하는 사람'이라는 뜻). 땃타인은 직업학교에서 기술을 배우고 있었다.

어느 날 땃타인이 친구에게 심각한 얼굴로 물었다.

"넌 조국을 사랑해?"

"당연하지."

"그럼, 비밀을 꼭 지켜야 한다."

"무슨 비밀인데?"

땃타인이 목소리를 낮춰 대답했다.

"나 사실 외국으로 나가려고 해. 프랑스에도 가 보고 다른 나라들도 직접 돌아보고 싶어. 그들이 어떻게 하는지 배워서 우리 조국을 위해 일하고 싶어."

친구는 눈이 휘둥그레졌다. 땃타인이 간절한 눈으로 다시 말했다.

"너도 함께 가자. 나 혼자 가면 더 위험하고 힘들 것 같아."

"좋아. 그런데 뱃삯이 있어야지."

"여기 있잖아."

땃타인이 두 손을 들어 보이며 말했다.

"이 두 손으로 돈을 벌면서 가면 돼. 배에 취직해서 일하면서 가는 방법이 있어."

친구는 그러자고 흔쾌하게 대답했지만, 불안하고 두려웠던지 포기하고 말았다. 몇 달 뒤 아미랄 라투셰 트레빌 호 갑판에는 호찌민 혼자 나타났다.

"자네는 무슨 일을 할 수 있나?"

면접 때 선장이 땃타인에게 물었다.

"시켜 주기만 하면 무슨 일이든 할 수 있습니다."

선장은 이 깡마른 베트남 젊은이가 몹시 허약해 보였지만 반짝이는 눈빛에 굳은 의지가 엿보여 보조 요리사로 채용했다. 말이 보조 요리사였지 사실은 음식 재료를 정리하고 설거지를 하고 청소를 하고 심부름을 하는 잡일꾼에 불과했다.

며칠 후 배는 사이공을 떠났다. 배가 메콩 강을 벗어나 남지나해로 들어섰다. 청년 호찌민, 응우옌땃타인은 망망대해 앞에 섰다. 그의 앞에 낯설고 거친 인생 항로가 펼쳐지기 시작했다.

떠돌이 삼류 인생

40일 뒤, 땃타인은 프랑스 마르세유에 내렸다. 그리고 파리와 투르, 르아브르 등 프랑스 도시를 돌아다니며 닥치는 대로 일을 하며, 보고 듣고 느끼고 생각했다. 프랑스에서 본격적으로 공부를 하고 싶은 생각도 간절했다.

1911년 9월 땃타인은 프랑스 대통령에게 편지를 썼다.

"대통령님, 저는 베트남에서 온 응우옌땃타인입니다. 프랑스 '식민지 학교'에서 공부하고 싶습니다. 프랑스에도 도움이 되고 베트남 동포들에게도 도움을 주고 싶습니다."

하지만 답장이 없었다. '식민지 학교'는 프랑스의 식민지에서 일할 공무원을 양성하기 위한 학교였다. 입학하려면 프랑스의 인도차이나 식민지 총독의 추천서가 있어야 했다. 땃타인에게 입학은 애당초

불가능한 일이었다.

땃타인은 선원 생활을 하면서 아프리카와 아시아 여러 나라를 돌아다녔다. 배를 타고 들르는 항구마다 모든 유색 인종들은 바닥 인생이었고 백인들은 지배자였다.

"내 조국 동포들만 고통 받는 게 아니었구나."

땃타인은 조국의 독립과 인간의 평등에 대해 많은 생각을 하고 또 했다. 땃타인은 세계를 돌아다니면서 베트남 혼자 힘으로는 독립이 불가능하다는 걸 깨달았다. 고통 받는 모든 민족들이 힘을 합해 싸워야 한다는 것을 절실히 느꼈다. 땃타인의 생활은 삼류였지만 생각은 삼류가 아니었다.

땃타인은 미국 뉴욕에서 닻을 내렸다. 미국은 말 그대로 신천지였다. 현대 문명이 바로 그곳에서 꽃피고 있었다. 뉴욕 맨해튼엔 하늘 높은 줄 모르고 고층 건물들이 솟아올랐다. 또 미국에서는 아시아 출신 이민자들이 법적으로 평등한 권리를 보장 받고 있었다. 그러나 한편에선 흑인들이 곳곳에서 매 맞고 학대 당하는 모습도 똑똑히 보였다. 흑인들은 노예 상태에서 해방됐지만 여전히 차별 받고 있었다. 프랑스 식민 지배를 받는 베트남 사람들과 다를 게 없었다.

"차별 없는 세상은 불가능한 것인가?"

이것이 호찌민이 평생 가슴속에 품고 살았던 생각이다.

운명 같은 세계

1914년 땃타인은 3년 간의 선원 생활을 마치고 영국에 정착했다. 밑바닥 생활에서 벗어나는 건 꿈도 꾸지 못했다. 베트남에서 관리의 아들이었던 땃타인은 청소부, 보일러공, 보조 요리사로 일하며 겨우 입에 풀칠을 했다. 고통스러운 나날이었다.

땃타인은 아버지의 친구이자 스승이자 프랑스에서 조국의 독립운동을 하던 베트남 독립운동의 큰 산, 판쩌우찐에게 자신의 고통스러운 생활에 대해 편지를 보냈다.

"선생님, 굶주림을 피하기 위해선 열심히 일하는 길밖에 없겠지요? 그런데 이 고통은 언제쯤 끝나게 될까요?"

땃타인은 닥치는 대로 신문과 책을 읽었고 노동운동에도 참여했다. 외국인 노동자의 권익을 주장하기 위해 만들어진 '해외 노동자 동맹'이라는 단체에 가입하고 아일랜드 독립을 위한 거리 시위에 참여하기도 했다. 당시 영국의 지배를 받고 있던 아일랜드가 독립 공화국을 수립하겠다는 선언을 한 것이다.

그리고 처음으로 땃타인은 마르크스의 책들을 읽었다. 마르크스는 계급이 없는 평등한 사회를 만들 수 있다고 했다. 땃타인이 공산주의에 눈을 뜬 건 바로 이때였다.

유럽은 1차 세계대전이 한창이었다. 1917년 12월, 응우옌땃타인, 젊은 호찌민은 프랑스로 건너갔다. 프랑스 파리에서도 바닥 생활은 계속되었다. 땃타인은 판쩌우찐이 운영하는 가게에서 흑백사진에 색을 입히는 일을 하며 돈을 벌었다.

땃타인은 틈만 나면 소르본느 대학 도서관을 찾아가 책을 읽었다. 땃타인은 쉼 없이 책을 읽고 글을 쓰고 사람들을 만났다. 그는 차츰 유명한 프랑스의 공산주의자들과 교분을 넓혀 나갔다. 그러면서 호찌민의 세계관은 넓어지고 있었다. 감상적인 애국심에서 벗어나 서구 문명을 냉정하게 관찰하고 판단할 수 있게 되었다. 그리고 세계의 모든 지배 받는 사람들이 똘똘 뭉쳐야 지배자들의 억압에서 벗어날 수 있다고 생각했다.

1919년 1월 베르사유 궁전

그날따라 몹시 추웠다. 바짝 마른 몸에 눈빛만은 살아 반짝이는 아시아의 젊은이 한 명이 베르사유 궁전에 나타났다. 청년 호찌민, 응우옌땃타인이었다. 그는 검은 양복을 단정하게 차려 입고 있었다.

베르사유 궁전에서는 1차 세계대전에서 승리한 연합국 대표들이 모여 세계 질서를 이끌어 갈 원칙을 논의하고 있었다. 회담이 열리는 베르사유 궁전 주변엔 약소민족들의 기대가 부풀어 올랐다. 2년 전인 1917년, 미국의 윌슨 대통령이 발표한 민족자결주의 원칙 때문이었다.

"모든 민족은 스스로 자기 운명을 결정하고 독립을 이룰 수 있다."

이 원칙은 식민정책 아래서 신음하는 아시아, 아프리카, 중남미 약소국가들에겐 복음과 같은 소식이었다.

땃타인도 이번 회담에서 베트남 독립을 지지해 줄 연합국 대표가 있을 것이라 믿었다. 또 평화적이고 외교적인 방법으로 베트남 독립이 가능하리라 생각했다. 하지만 그것은 착각이었다. 민족자결주의는 유럽에만 해당되는 원칙이었다. 아시아, 아프리카의 식민지 국가는 처음부터 논의의 대상이 아니었다.

시간만 속절없이 흘러가던 어느 날, '안남(프랑스 지배하의 베트남) 애국자 연합'이라는 단체가 '안남 민족의 요구'라는 청원서를 베르사유 회담 대표단에게 전달했다.

"베트남의 정치적인 자치권을 허용하라. 언론, 집회 등 기본적인 권리를 보장하라. 소금, 아편, 술에 부과한 세금을 없애라……."

청원서의 맨 아래쪽엔 '응우옌아이꾸옥'이라는 낯선 이름이 큼직하고 선명하게 적혀 있었다. 응우옌아이꾸옥('애국자'라는 뜻). 이 이름은 응우옌땃타인, 호찌민의 가명이었다. 호찌민은 평생 169개나

되는 가명을 사용했다. 그 가운데 가장 많이, 가장 오랫동안 사용된 이름이 응우옌아이꾸옥이었다.

응우옌아이꾸옥은 미국의 윌슨 대통령을 직접 만나 베트남의 독립을 호소할 작정이었다. 그러나 만날 수가 없었다. 그래서 편지를 썼다. 윌슨 대통령의 비서로부터 짤막한 답장이 왔다.

"감사합니다. 대통령께 편지를 전달하겠습니다."

그걸로 끝이었다. 베르사유 회담은 정의를 위한 모임이 아니었다. 전쟁에서 이긴 제국주의자들이 자기들끼리 식민지를 다시 나눠 갖는 자리였다. 아이꾸옥은 강대국에게 구걸해서는 결코 조국의 독립을 얻을 수 없다는 걸 절실하게 깨달았다. 조국의 독립은 스스로의 힘으로 이루어야 하는 것이었다.

위험한 젊은이, 응우옌아이꾸옥

베르사유 회담에서 아무것도 얻을 수 없다는 것을 확인한 아이꾸옥은 '안남 민족의 요구'라는 청원서를 많은 사람들에게 배포했다. 프랑스 대통령과 국회의원들, 인도차이나 총독에게도 보냈다. 여론을 일으키기 위해 신문사에도 보내고, 베트남 노동자들과 함께 거리로 나가 시민들에게도 나누어 주기도 했다.

베트남 동포들 사이에서 열띤 반응이 나타나기 시작했다. 프랑스에

살고 있는 베트남인들 가슴속에서 조국 독립에 대한 열망이
피어올랐고 멀리 조국 베트남 하노이의 거리에서도 이 청원서가
사람들의 손에서 손으로 건네지며 큰 영향을 끼치고 있었다.

프랑스 정부는 당황했다. 도대체 응우옌아이꾸옥이 어떤 자일까?
대통령까지 나서서 응우옌아이꾸옥의 정체를 파악하라고 지시했다.
경찰들이 비밀스럽게 조사에 나섰다. 베르사유 궁전에 나타난
베트남의 젊은이, 외국 신문들과 당당하게 인터뷰하며 베트남 민족의
요구를 전하는 이 젊은이가 도대체 누구인가?

프랑스 경찰 본부에 보고된 자료엔 이렇게 적혀 있다.

"베트남 고위 관료였던 응우옌신삭의 둘째 아들 응우옌땃타인으로
추정됨. 1908년 베트남 국립학교인 꾸옥혹에서 세금 반대 시위를
하다 퇴학, 프랑스 배의 보조 요리사를 거쳐 지금은 파리에서
흑백사진에 색깔을 입히는 일을 하고 있음."

1919년 어느 날 청년 호찌민, 응우옌아이꾸옥이 프랑스 경찰과
베트남 동포 사이에서 주목 받는 인물로 불쑥 떠올랐다.

하지만 그건 '어느 날 갑자기'가 아니었다. 8년 전, 호찌민은
조국을 떠나는 순간부터 베트남의 독립 투쟁이라는 운명과도 같은
세계에 발을 들여놓았다. 그리고 이제 막 응우옌아이꾸옥이라는
이름의 투사로 다시 태어난 것이다.

슬픔과 저항의 땅에서

세상에서 아무리 고달프고 힘든 게 있다 해도
자유를 잃은 것보다 더한 것이 있으랴

-〈옥중일기〉'동행' 중에서

슬픈 역사 한가운데서 태어나다

베트남 북부의 중심 도시인 하노이와 베트남 왕국의 수도였던 후에 중간쯤에 응에안이라는 지방이 있고 그곳에 킴리엔이라는 조그만 읍이 있다. 또 그 안에 호앙쭈라는 아주 작은 마을이 있다. 호앙쭈는 바나나 나무, 빈랑나무, 뽕나무, 야자나무, 대나무가 우거진 베트남의 전형적인 농촌 마을이다.

1890년 5월 19일, 변변한 직업도 없이 집에서 공부만 하는 실업자 지식인 응우옌신삭이 세 번째 아이를 얻었다. 갓난 아이 이름은 응웬신꿍이라 지었다. 위로는 여섯 살 많은 누나 띠타인과 두 살 많은 형 신끼엠이 있었다.

어린 호찌민, 신꿍의 성장 과정엔 베트남의 슬픈 역사와 지식인 아버지의 고뇌가 그대로 녹아 있다.

신꿍이 어린 시절을 보낸 호앙쭈 마을 사람들은 대대로 가난을 운명처럼 짊어지고 살았다. 들판은 넓었지만 가뭄과 홍수가 잦았고 인구 밀도는 다른 어느 곳보다 높았다. 게다가 말라리아 같은 열대 전염병이 기승을 떨었다.

다른 지방이라고 잘사는 것은 아니었다. 조금 괜찮은 곳이라 생각되면 어김없이 프랑스 군대가 들어와 알맹이는 모두 차지해 버렸다. 베트남 온 땅이 총과 칼로 지배하는 프랑스 식민정책의 채찍 아래 신음하고 있었다.

베트남의 비극은 1858년 프랑스 군대가 최신식 무기를 앞세워 베트남 땅에 강제로 상륙한 뒤부터 시작됐다. 아시아에서 식민지를 찾아 눈을 번뜩이던 프랑스에게 베트남은 좋은 먹잇감이었다. 중국엔 영국이 한발 먼저 들어간 상태였고 인도네시아는 네덜란드에 선수를 빼앗겼다. 남은 건 인도차이나 반도였다.

프랑스는 베트남에서 무력시위를 벌였다. 그리하여 1862년 베트남 왕실을 협박해 베트남 남부 지역을 빼앗아 코친차이나라는 이름의 식민지를 건설했다.

이어서 캄보디아와 라오스를 점령하고 급기야 1885년 북부 베트남까지 식민지로 만들어 버렸다. 중부 지방엔 베트남 왕이 자리를 지키고 있었지만 이름만 왕일 뿐 프랑스의 꼭두각시였다. 이로써 천 년이 넘은 베트남의 독립은 무너지고 말았다. 또한 통일 국가의 역사도 막을 내렸다.

프랑스는 베트남을 북부(통킹), 중부(안남), 남부(코친차이나) 세 지역으로 나누어 지배했다. 프랑스는 이들 세 지역에서 소금과 술, 아편을 팔며 악랄하게 베트남 사람들을 착취했다.

하지만 왕실이 무릎을 꿇었다고 베트남 민중이 무너진 것은 아니었다. 프랑스의 강탈이 심해질수록 베트남 민중들의 저항은 거세졌다. 특히 호찌민이 나고 자란 응에안 지방은 반프랑스 저항 운동의 중심지였다.

아득한 유년 시절

호찌민의 아버지 응우옌신삭은 1894년 관리가 되는 초급 시험에 합격했다. 이제 마음만 먹으면 관리가 될 수 있었다. 하지만 신삭은 관리가 되는 대신 마을에서 학생들을 가르쳤다.

1년 뒤, 신삭은 후에로 이사하는 결단을 내렸다. 이왕 공부를 시작한 김에 베트남 최고 과거 시험에 합격하고 싶었다. 공부를 더 하려면 큰 도시로 가는 게 유리하다고 생각했다.

후에까지는 360킬로미터, 여행은 한 달이나 걸렸다. 다섯 살 호찌민, 신꿍에겐 여행길에서 보는 모든 게 새로웠다. 특히 가는 길에 아버지가 안고 속삭여 주는 베트남의 전설이나 영웅 이야기는 흥미진진했다.

후에는 조그만 시골인 킴리엔과 달리 신기한 것이 많았다. 어린 신꿍에게는 군대가 행진하고 훈련 받는 게 특히 재미있었다.

어느 날 신꿍은 왕의 행차를 보았다. 왕이 높다란 가마에 앉아 있었다. 신꿍은 신기하고도 이상해 어머니에게 물었다.

"엄마, 임금님이 다리를 다쳤나요?"

"왜 그렇게 생각하니?"

"다리를 못 쓰니까 가마에 실려 가지요."

그 모습은 어린 호찌민의 뇌리에 깊이 박혔다. 대낮에도 술에 취해 흐느적거리며 행패를 부리는 프랑스 군인들의 모습도 평생 잊히지 않았다. 신꿍이 이해할 수 없는 모습도 많았다. 아주 높은 베트남 관리들이 프랑스 사람에게 공손히 허리를 숙여 절하는 것도 참 이상했다.

아버지는 공부를 계속하다가 1900년, 먹고 사는 문제를 해결하기 위해 지방의 벼슬자리를 얻었다. 아버지는 우선 형인 신끼엠을 데리고 부임지로 떠났다.

신꿍은 어머니와 후에에 남았다. 그때 어머니는 만삭이었다.

얼마 뒤 어린 호찌민에게 비극이 찾아왔다. 어머니가 동생을 낳은 뒤 몸을 회복하지 못하고 세상을 떠나고 만 것이다. 열한 살 호찌민, 신꿍에겐 감당할 수 없는 충격이었다.

"젖 좀 주세요. 내 동생에게 젖 좀 주세요."

신꿍은 집집마다 돌아다니며 갓 난 동생에게 젖을 얻어먹였다.

소식을 들은 아버지가 급히 돌아왔다. 아버지는 벼슬을 버리고 아이들을 데리고 고향으로 돌아갔다. 그러나 동생은 돌을 넘기지 못하고 숨을 거두고 말았다. 호찌민이 동냥 젖을 얻어먹인 보람도 없이.

고뇌하는 지식인 아버지

1901년 아버지는 최고 과거 시험에 합격했다. 아버지와 가족에게는 물론이고 고향 동네에도 큰 명예였다. 그도 그럴 것이 지난 200년 동안 고향에선 최고 과거 시험에 합격한 사람이 아무도 없었다.

하지만 아버지 신삭은 축하 잔치를 사양했다. 조정에서 주는 높은 관직도 거절했다. 아내가 세상을 떠난 지 얼마 되지 않는다는 핑계를 댔다. 하지만 진짜 이유는 딴 데 있었다.

"내가 지금 관직에 오르면 프랑스 제국주의자들의 앞잡이가 되는 거 아닌가?"

신삭은 노예가 되는 것보다 더 나쁜 것은 지배자의 앞잡이가 되는 것이라고 생각했다. 프랑스 식민지 당국은 그 뒤로 몇 번이나 더 아버지에게 관직을 받아들이라고 요구했으나 아버지 신삭은 이런저런 이유를 들어 거절했다.

대신 신삭은 고향에 조그만 학교를 짓고 학생들을 가르치기 시작했다. 버는 돈이 몇 푼 되지 않아 가난은 떨어질 줄 몰랐다. 그때 아버지는 응우옌신후이('명예롭게 태어난 자'라는 뜻)라는 새로운 이름을 쓰기 시작했다. 또한 둘째 아들에게 신꿍이라는 아명 대신 땃타인이라는 이름을 지어 주었다.

이제 막 사춘기로 접어든 호찌민, 땃타인의 눈에는 프랑스 제국주의에 착취 당하는 조국의 모습이 들어오기 시작했다.

땃타인은 아버지 밑에서 한문을 공부하다가 아버지의 친구이자 열렬한 애국자인 부옹 선생님이 운영하는 지역 학교에 입학했다.

부옹 선생님은 어린 호찌민에게 조국 독립에 대한 강렬한 의지를 심어 주었다. 하지만 너무 짧았다. 부옹 선생님이 좀 더 본격적인 반프랑스 저항운동을 위해 학교를 문 닫는 바람에 뜨거웠던 교육은 아쉽게 끝나고 말았다.

땃타인이 열다섯 살 되던 1905년, 아버지에게 말했다.

"아버지, 저 프랑스어를 배우면 안 될까요? 프랑스를 잘 알아야 그들을 물리칠 수 있을 것 같아요."

아버지는 아들이 기특했다. 아버지 신삭은 친구의 도움을 얻어 땃타인과 형 신끼엠에게 프랑스 말과 문화를 배우게 했다. 그리고 9월에는 프랑스식 예비 학교에 두 형제를 입학시켰다.

1906년 아버지는 시골 생활을 정리하고 후에로 가서 벼슬 생활을 시작했다. 아이들은 커 가는데 언제까지 가난한 시골 선비로 살아갈 수는 없었다. 형 신끼엠과 땃타인은 후에에 있는 프랑스식 중학교에 입학했다. 어렸을 적 후에에서 살았던 적이 있지만 어차피 땃타인은 시골뜨기였다.

"어이, 물고기 인간아."

친구들은 뾰족한 대나무 원뿔 모양 모자를 쓴 땃타인을 이렇게 놀려 댔다. 그러나 시골뜨기 땃타인은 엄청나게 열심히 공부했고, 성적이 오르자 아무도 그를 무시하지 못했다.

중학생 호찌민, 응우옌땃타인은 2년 과정을 1년 만에 마치며 학교를 졸업했다.

저항의 계절

1907년 가을, 형 신끼엠과 땃타인은 국립학교인 꾸옥혹 입학시험에 합격했다. 학비를 내지 않는 당당한 장학생이었다. 꾸옥혹은 후에 최고의 프랑스식 교육기관으로, 졸업생들은 대부분 관리가 되었다. 모두가 부러워하는 학교였다.

열일곱 살 땃타인, 고등학생 호찌민에게는 뜨거운 애국심의 싹이 자라나고 있었다. 처음에 그 싹은 공부로 나타났다. 비판적이고 공격적인 면도 있었지만 교사들은 대부분 그를 '똑똑하고 뛰어난 학생'으로 평가했다. 특히 프랑스 말과 문화, 문학, 철학 등에서 탁월한 실력을 보였다. 하지만 여기서도 시골뜨기 행색을 벗지 못한 땃타인은 놀림감이 되기도 했다.

"야, 호박아."

왕이 사는 도시 후에의 세련된 학생들은 사투리가 심한 땃타인을 이렇게 놀렸다. 촌놈이라는 뜻이었다. 처음엔 대꾸를 하지 않다가 어느 날 놀리는 친구를 때려눕히고 말았다. 그런 땃타인을 선생님이 나무랐다.

"이 못난 친구야, 겨우 주먹질이야? 그렇게 힘이 남아돌면
　공부에나 힘쓸 것이지……. 쯧쯧."

땃타인은 창피했다. 그 뒤로 땃타인은 교실에서 어떤 일이 벌어지든 관심을 보이지 않았다. 늘 교실 뒤편에 앉아 공부만 했다. 또 학교 수업이 끝나면 역사와 개혁, 저항, 혁명 등에 관한 책에 파고들었다. 학교 밖에서 있는 반정부 모임에 참여하기도 했다.

당시 베트남 사람들은 상투를 틀었는데 식민지 현실을 만든 봉건적인 과거와 결별하는 의미로 머리털을 자르는, 단발 운동이 일어났다. 땃타인은 수업을 빼먹어 가면서 거리에 나가 사람들의 상투를 잘라 주기도 했다.

한편 인근 지방에서는 농민들의 세금 거부 운동이 일어나고 있었다. 무지막지한 세금과 관리들의 부패 때문에 쌓이고 쌓였던

불만이 터져 나온 것이다. 시위는 후에까지 확산됐다. 급기야 농민들은 프랑스 최고 관리인 고등 주차관의 사무실 앞으로 밀려들었다.

땃타인은 학교 앞 강둑에서 농민 시위대가 몰려드는 것을 보고 친구 두 명에게 말했다.

"얘들아, 우리가 농민들 항의 내용을 프랑스 관리들에게 통역해 주는 게 어떻겠니?"

"그래, 아주 좋은 생각이다."

세 사람은 시내로 들어갔다.

시위 현장엔 팽팽한 긴장이 감돌았다. 성난 농민들과 총과 방망이로 무장한 군인들이 서로 노려보며 대치하고 있었다. 진압 군대 지휘관이 명령했다.

"지금 당장 시위대를 해산해라."

군인들이 달려들었다. 아수라장이 되었다. 여기저기서 군인들의 방망이에 맞아 농민들은 피가 튀었다. 얼떨결에 땃타인도 몇 대 얻어맞았다. 이 시위에는 땃타인뿐 아니라 형인 신끼엠도 가담하고 있었다.

시위가 격렬해져 무력으로도 해산이 안 되자 고등 주차관은 농민 대표자들을 불러 협상하자고 했다. 통역은 땃타인이 맡았다.

"지금 농민들은 세금이 너무 높아 살 수가 없으니 세금을 내려 달라고 합니다."

"홍수를 관리하기 위한 둑을 쌓는 데 돈이 너무 많이 들어 세금을 내릴 수 없소."

"그 둑 때문에 물이 잘 빠지지 않아 농사를 더 망쳤다고 합니다."

땃타인은 단순히 통역만 한 게 아니라 중간 중간에 자신의 주장도 섞어서 전했다. 그러나 협상은 결렬됐다.

시위가 더욱 격렬해졌고 프랑스 군대는 농민들을 향해 총을 쏘기 시작했다. 수많은 사람이 죽고 다쳤다.

그리고 다음 날 프랑스 경찰이 학교에 찾아왔다.

"응우옌땃타인을 퇴학시키라는 명령서를 가져왔소."

땃타인은 학교에서 쫓겨났다.

1908년 5월 9일, 호찌민이 열여덟 살 때의 일이었다.

도망자 신세

아버지 신삭은 후에 세금 거부 운동에 참여한 두 아들 때문에 시골로 쫓겨났다.

땃타인은 경찰에 쫓기는 신세가 되었다. 형에게도 경찰의 감시가 뒤따랐다. 취직도 할 수 없었다. 이미 경찰의 블랙리스트에 올랐기 때문이다. 고향으로 돌아갈 수도 없었다. 팟타인은 후에를 떠나기로 결심했다. 목적지는 사이공으로 정했다.

팟타인은 사이공으로 가는 길에 아버지에게 들렀다. 아버지는 술로 세월을 달래고 있었다. 아버지는 날로 악화되어 가는 조국 현실이 가슴 아팠고, 아무 소리도 못 하고 시골로 쫓겨난 자신의 처지도 한심했다. 더욱이 경찰에 쫓기는 두 아들을 생각하면 억장이 무너졌다.

"네 이놈 왜 그리 경솔한 짓을 했느냐?"
"아버지, 제가 한 일에 후회는 없습니다."

아버지는 다 큰 아들에게 매질까지 했다. 공부를 더 해야 할 나이에 학교에서 쫓겨난 아들에 대한 안타까움 때문이었다.

쫓겨 다니던 팟타인은 학교 교사로 취직했다. 사이공과 후에 중간쯤 되는 판티엣에 있는 학교였다. 팟타인이 맡은 과목은 한문과 베트남 국어였다.

이 학교는 작고 허름했지만 독립 투쟁의 열기가 대단했다. 학생과 교사들이 베트남 독립을 놓고 토론을 벌이기도 했다. 개혁을 통한 점진적인 독립이냐, 무력 투쟁을 통한 독립이냐? 논쟁은 치열했다. 그러나 팟타인은 선뜻 어느 편에도 들지 않았다.

1911년 초, 갑자기 팟타인이 학교에서 사라졌다. 누구에게도 어디로 간다는 말을 남기지 않은 채.

얼마 후 땃타인은 사이공에 나타났다. 그의 눈엔 결의가 가득했다. 그리고 몇 달 뒤 아미랄 라투세 트레빌 호 갑판엔 눈빛이 반짝반짝 살아 있는 응우옌땃타인, 스물한 살의 호찌민이 있었다. 떠나는 배에서 호찌민은 누나 띠타인에게 편지를 보냈다.

"누나, 외국에 나가 5, 6년 정도 공부하고 돌아올게."

하지만 그렇게 되지 않았다. 그 뒤 30년 넘게 호찌민의 가족들은 뿔뿔이 흩어지고 말았다.

아버지 응우옌신삭의 말년은 불우했다. 1910년 시골의 벼슬자리에서마저 쫓겨난 이후, 남부 지방을 떠돌다가 1929년 객사하고 말았다.

누나인 응우옌띠타인은 열렬한 독립투사였다. 프랑스 군대에서 총을 훔쳐 베트남 독립 전사들에게 전해 주는 등 적극적으로 독립 투쟁에 나섰다. 감옥살이도 오래 했다. 1945년 8월, 띠타인은 신문에 난 베트남 민주공화국 초대 주석 호찌민의 사진을 보고 자기 눈을 의심했다.

"아니, 이게 누구야? 내 동생 땃타인 아니야?"

누나는 오리 두 마리와 달걀 스무 개를 정성스럽게 싸서 하노이로 갔다. 남매는 그렇게 만났고 또 헤어졌다. 누나는 독립투사답게 그 뒤로 한 번도 자신의 동생을 자랑하거나 주석이 된 동생 덕을 보려 하지 않았다. 그리고 고향으로 돌아가 1954년 조용히 숨을 거두었다.

형 신끼엠은 불같은 투사였다. 프랑스 총독에게 항의하는 편지를 보내는가 하면 자신에게 발길질한 프랑스 관리를 잡아다가 땅바닥에 꿇어앉히기까지 했다. 이때부터 시작된 그의 감옥살이와 저항은 평생을 두고 반복됐다.

신끼엠도 베트남 주석으로 돌아온 동생을 만났다. 누나와 마찬가지로 형도 동생 덕을 보지 않았다. 병들어 누워 있을 때도 동생에게 부담을 준다며 연락을 못 하게 할 정도였다. 그는 1950년 세상을 떠났다.

그때 베트남 주석이던 호찌민은 전보 한 장만 보냈을 뿐이다.

"형께서 돌아가셨다는 소식에 슬픔을 금할 수가 없습니다. 나랏일로 바빠 장례식에 참석하지 못해 더욱 안타깝습니다. 육친의 정마저 돌보지 않는 이 죄를 어찌 용서 받을 수 있을까요?"

젊은 혁명가

높은 산 험준한 바위를 모두 넘어 달려왔지만
평지 길이 더 피로운 줄 내 어찌 알았으랴?

–〈옥중일기〉'세상살이의 어려움' 중에서

열렬한 활동가

1919년 베르사유 회담은 호찌민의 인생에서 전환점이 되었다.

'안남 민족의 요구'라는 청원서 덕분에 청년 호찌민, 응우옌아이꾸옥은 프랑스 지식인 사회에서 유명 인사가 되었다. 그동안 입당 신청을 미루고 있던 프랑스 사회당은 청원서 사건 이후 아이꾸옥을 정식 당원으로 받아들였다.

아이꾸옥은 이때 이름만 바꾼 게 아니라 조국 독립을 향한 모든 생각과 행동을 바꿨다. 조국의 독립은 강대국의 값싼 동정으로는 얻을 수 없다는 걸 깨달았다. 또한 독립은 민족주의자가 되는 것만으로는 불가능하다는 걸 배웠다. 저항이나 무력 투쟁만으로 되는 것도 아니었다.

당시 국제정세는 1917년의 러시아 볼셰비키 혁명(민중들이 주체가 된 20세기 최초의 사회주의 혁명으로, 무능하고 부패했던 러시아 차르 체제를 무너뜨리고 세계 최초의 사회주의 국가를 세움) 이후 크게 바뀌고 있었다. 특히 유럽에선 사회주의(사유재산 제도를 폐지하고 생산수단을 사회화하여 자본주의 제도의 모순을 극복하려는 사상)가 불꽃처럼 타올랐다. 아이꾸옥도 사회주의 혁명이 조국의 독립을 가능하게 할 것이라 믿었다.

"동지 여러분, 나는 인도차이나 사회주의 그룹 대표 응우옌아이꾸옥입니다. 여기 모인 여러분은 훌륭한 사회주의자들입니다. 그러나 여러분이 세계 혁명을 토론하는 지금 이 순간에도 우리 베트남 동포들은 식민지에서 고통을 겪으며 죽어 가고 있습니다."

1920년 12월 27일, 깡마른 몸에 헐렁한 양복을 입은 동양 젊은이가 열변을 토하고 있었다. 파리 남서부에 있는 도시 투르에서 프랑스 사회당 전국 대회가 열리는 중이었다.

"베트남 동포들은 프랑스의 이익을 위해 모든 자유와 권리를 박탈 당한 채 대량 학살되고 있습니다. 프랑스 사회당은 이 억압 받는 베트남 동포들을 위해 분명한 행동을 취해야 합니다."

아이꾸옥이 연설하는 장면을 어느 사진 기자가 찍었고 이 사진은 다음 날 신문에 대문짝만 하게 실렸다.

프랑스 경찰이 발칵 뒤집혔다. 즉각 체포 명령이 내려졌다. 경찰이 대회장에 나타나 말했다.

"응우옌아이꾸옥을 체포하러 왔소."

"안 됩니다. 경찰은 우리 사회당 대회장에 들어올 수 없습니다."

사회당 대표단이 경찰을 막아섰다. 경찰도 정당의 합법적인 대회를 방해할 수는 없었다.

다음 날도 대회장에서 아이꾸옥의 발언은 이어졌다.

"프랑스 식민지 당국은 우리 베트남 동포들을 술과 아편의 노예로 만들고 있습니다. 동지 여러분께 호소합니다. 우리 베트남 동포들을 도와주십시오."

투르 대회 이후 프랑스 사회당은 좀 더 과격한 공산당과 온건한 사회당으로 갈라졌다. 아이꾸옥은 공산당을 선택했다. 조국 독립에 더 확실한 도움이 될 것이라고 기대했기 때문이다.

언론인 응우옌아이꾸옥

서른 살 청년 호찌민, 아이꾸옥의 파리 생활은 고난과 위험의 연속이었다. 경찰은 이 위험한 공산주의자 응우옌아이꾸옥의 뒤에 바짝 따라붙어 그의 일거수일투족을 빼놓지 않고 감시했다. 그렇다고 함부로 체포하지는 못했다. 프랑스가 해외에서는 식민지를 지배하는 제국주의 국가였지만 자기 나라 안에서는 언론과 집회의 자유를 보장하는 완벽한 민주주의 국가였다. 물론 그런 권리는 프랑스 사람들에게만 보장될 뿐이었지만.

아이꾸옥의 열정은 식을 줄 몰랐다. 허름한 단칸방에 살면서, 오전엔 사진관에서 일하며 돈을 벌고, 오후부터 밤늦게까지는 쉬지 않고 글을 쓰고 사람들을 만났다.

특히 아이꾸옥은 글 쓰는 일에 열성적이었다. 〈뤼마니테〉〈르 리베르테르〉〈주르날 뒤 푀플〉〈라 비 우브리에르〉 등 사회주의 계열의 언론에 정열적으로 글을 썼다. 언론사의 편집자들도 아이꾸옥의 지식과 열정에 감탄했다. 그러나 이것만으로는 부족함을 느낀 아이꾸옥은 아예 신문을 하나 창간하기로 동지들과 뜻을 모았다.

1922년 4월 1일, 〈르 파리아〉('천민'이라는 뜻)가 세상에 첫 선을 보였다. 식민지 출신자들이 모여 만든 '국제 식민지 연합'의 기관지로서 세계 식민지 민족의 아픔과 바람을 대변할 신문이었다. 아이꾸옥은 한 달에 한 번 발행하는 이 신문의 글쓰기뿐 아니라 편집, 삽화, 배달까지 도맡아 했다.

유럽인들을 야만인으로 그리며 식민지 지배자들을 풍자한 〈르 파리아〉는 단숨에 유명해졌다. 파리에 사는 식민지 국가 출신뿐 아니라 프랑스 노동자들도 이 신문을 사서 읽었다. 경찰은 이 신문을 읽는 사람들마저 블랙리스트에 올려 감시했다.

경찰의 미행이 하루 24시간 계속되자 참다못한 아이꾸옥은 프랑스 식민지청 장관 알베르 사로에게 공개편지를 썼다.

"프랑스 경찰이 나에게 전속 비서를 보내 줘서 고맙습니다. 노동자들의 세금으로 국가 예산을 충당하고 있는 마당에 나는 전속 비서를 부리는 호강을 누리고 있습니다. 예산 절약을 위해서라도 나에게 보낸 전속 비서를 사양하니 이젠 데려가 주세요."

자신을 미행하는 비밀경찰을 전속 비서로 표현한 이 공개편지는 여러 신문에 발표돼 알베르 사로 식민지청 장관을 망신시켰다.

어느 날 알베르 사로 장관이 아이꾸옥을 불렀다.

"우리는 위험한 공산주의자를 잡아들일 수도 있소. 하지만 당신처럼 건전하고 굳은 의지를 가진 사람을 존경하오."

알베르 사로는 은근히 협박하면서 달래듯이 말했다.

"혹시 개인적으로 원하는 거나 필요한 게 있으면 말하시오. 내가 다 도와주겠소."

아이꾸옥은 정중하게 대답하며 자리에서 일어섰다.

"나에게 가장 중요하고 가장 필요한 것은 우리 베트남 동포들의 자유입니다. 자, 이제 가도 되겠습니까?"

가자, 모스크바로!

응우옌아이꾸옥은 프랑스 공산당에서 중요한 인물로 인정받았지만, 답답하기만 했다. 아무리 식민지 문제에 대해 떠들어도 당에서는 관심을 보이지 않았다.

같은 베트남 동포들 사이에서도 조국 독립에 대한 생각이 달랐다.

아이꾸옥은 세계 혁명 속에서만 베트남 독립이 가능하다고 생각했고 그의 스승인 판쩌우찐은 프랑스의 식민 체제 안에서도 베트남 독립이 가능하다고 믿었다.

아이꾸옥의 주도로 만든 '국제 식민지 연합'은 프랑스의 식민지 국가들을 해방시키기 위해 공산주의자와 민족주의자를 이어 주는 고리 역할을 하고자 했지만 별다른 성과를 거두지 못하고 있었다.

1922년 10월 파리에서 열린 프랑스 공산당 전국 대회에서 아이꾸옥은 또 한 번 맹활약을 했다. 다른 식민지 대표들과 힘을 합해 결의안을 만들었다.

"세계 공산주의 혁명을 위해서 먼저 식민지를 해방시켜야 한다."

하지만 나아지는 건 없었다. 이런 가운데 아이꾸옥에게 새로운 기회가 왔다. 아이꾸옥의 활약을 눈여겨 본 국제 공산주의 운동 단체인 코민테른(세계의 혁명을 위해 1919년에 설립된 각국 공산당들의 연합)에서 편지를 보낸 것이다.

"모스크바 코민테른 본부에서 당신과 함께 일하기를 원합니다."

코민테른 본부에서는 아시아 식민지 문제 전문가를 필요로 했고 아이꾸옥은 코민테른의 지원을 절실히 원했다.

1923년 6월 13일, 시가를 입에 문 부유한 아시아 상인이 파리 북부 역에 나타났다. 비서로부터 가방을 건네받은 그는 베를린으로 가는 기차에 올라탔다.

　이튿날 식민지청에서는 난리가 났다. 요주의 인물이 사라진 것이다. 바로 어제까지 아이꾸옥을 미행했던 비밀경찰은 당황했다. 영화관에 들어가는 것까지는 보았는데 하늘로 솟았을까, 땅으로 꺼졌을까? 영화관 화장실 뒷문으로 빠져나간 아이꾸옥을 놓치고 만 것이다.

　몇 주 후, 그 부유한 아시아 상인은 모스크바에 나타났다.

혁명의 본고장 모스크바에서

　서른세 살의 청년 호찌민, 응우옌아이꾸옥이 발을 딛은 모스크바는 사회주의 혁명 열기가 넘쳐나고 있었다. 아이꾸옥은 모스크바에 있는 코민테른 동양 사무국에서 일하게 되었다. 동아시아 지역의 혁명을 지원하는 것이 아이꾸옥의 일이었다.

　혁명의 본고장 모스크바에서 이 깡마른 신출내기 공산주의자는 눈에 띄지 않는 존재였지만 코민테른 최고 간부 회의에 인도차이나 혁명에 관한 보고서를 내면서 그에 대한 인식이 달라졌다. 아무도 주목하지 않던 이 젊은 혁명가에게 관심이 몰리기 시작했다.

　또 아이꾸옥은 여전히 식민지 문제에 무관심한 프랑스 공산당에 격렬한 비판의 편지를 보냈다.

"지난 제2차 코민테른 대회에서 공산당 동지들은 전 세계 식민지 해방을 위해 투쟁하라는 결정을 내렸습니다. 그러나 프랑스 공산당은 지금까지 아무 행동도 하지 않고 있습니다. 더 이상 허풍만 떨지 말고 적극 행동에 나서야 됩니다."

세계적인 공산주의자

아이꾸옥은 아시아 노동자 대학에 입학했다. 스탈린 학교라는 이름으로 더 많이 알려진 이 학교는 소련에 초청 받아 온 아시아 혁명가들을 훈련 시키는 학교였다. 한국, 중국을 포함해 아시아 62개국에서 온 천여 명의 젊은이들이 함께 공부하고 있었다. 아이꾸옥에게 이 학교는 천국이었다. 마음껏 공부하고 세계 공산주의 지도자들과 교분을 쌓을 수 있었다.

1924년 6월 17일, 모스크바의 볼쇼이극장에서 제5차 코민테른 대회가 열렸다. 세계 50개국 대표 500명이 모였다. 아이꾸옥은 프랑스 공산당 대표로 참석했다. 인도차이나 대표로 인정받고 싶었지만 인도차이나엔 아직 공산당이 없었다.

개막식 때부터 아이꾸옥의 활약이 시작됐다. 의장의 개막 인사가 끝날 즈음 아이꾸옥이 긴급 발언을 했다.

"의장님, 이번 대회 결의문에 식민지 민족을 위한 특별한 조치가

포함됩니까?"

"회의 중에 누구든 제안하면 포함됩니다."

의장이 말했다.

"그렇다면 대회 결의문뿐 아니라 모든 연설에 식민지 민족 문제를 포함 시킬 것을 제안합니다."

아이꾸옥의 주장이 받아들여졌다. 대회 기간 내내 아이꾸옥은 프랑스뿐 아니라 영국, 네덜란드 공산당들도 식민지 문제 해결에 적극적으로 나서야 한다고 주장했고 각국 대표들의 관심과 지지를 얻어 냈다.

제5차 코민테른 대회는 아이꾸옥을 일약 세계적인 공산주의자 반열에 올려놓았다. 당시 소련의 화가인 크로프첸코는 아이꾸옥의 초상화를 그려 〈노동자 신문〉에 크게 실었다. 또한 소련 공산당 기관지인 〈프라우다〉는 '말에서 행동으로, 응우옌아이꾸옥의 연설'이라는 제목으로 그의 연설과 활약상을 자세하게 보도했다.

그러나 아이꾸옥은 그럴수록 조국으로 돌아가고 싶은 마음이 더욱 간절해졌다. 조국이 아니더라도 좀 더 조국 가까운 곳에서 혁명에 온몸을 던지고 싶었다.

아이꾸옥은 코민테른 동양 사무국 간부에게 요청했다.

"난 중국으로 가서 혁명 정당을 조직하고 싶습니다."

1924년 9월 25일, 코민테른의 허락이 떨어졌다. 아이꾸옥은 코민테른 동양 사무국 비서로 임명되어 출발 날짜만 기다렸다.

10월 어느 날, 모스크바 역에 먼 길 떠나는 동양인 상인이 나타났다. 아이꾸옥은 파리를 떠날 때와 마찬가지로 중국행도 비밀에 부쳤다. 아이꾸옥이 떠난 뒤 모스크바엔 그와 관련한 이상한 소문이 돌았다.

"아이꾸옥은 병이 들어서 치료를 하려고 모스크바를 떠났다. 인도차이나로 가고 싶었으나 식민지 당국의 허락을 얻지 못해 프랑스로 돌아갔다."

이 소문은 모스크바와 파리에 퍼졌고, 프랑스 비밀경찰은 아이꾸옥이 파리에 온 줄 알고 잡으려 했다. 하지만 아이꾸옥의 그림자도 보일 리가 없었다. 그때 그는 시베리아 횡단 열차를 타고 블라디보스토크로 달려가고 있었다.

조국의 독립을 위하여

어려서는 배우고 커서는 실천하라
위로는 당과 국가에, 아래로는 국민에게 충성하라

–〈옥중일기〉 '소후에게' 중에서

광저우의 비밀 혁명가

1924년 11월 11일, 블라디보스토크를 떠난 배가 중국 광저우에 도착했다. 배에서 내린 중국인 리투이가 광저우의 코민테른 비밀 사무소에 나타났다. 이곳 대표인 미하일 보로딘과 그의 부인이 반갑게 맞았다.

"어서 오시오, 응우옌아이꾸옥 동지."

코민테른이 파견한 비밀 요원 응우옌아이꾸옥, 서른네 살의 청년 호찌민이 베트남을 떠난 지 13년 만에 아시아로 돌아왔다. 아이꾸옥의 정체는 미하일 보로딘과 그의 부인 외에는 아무도 몰랐다.

중국은 변해 있었다. 호찌민이 베트남을 떠나던 해인 1911년 10월에 신해혁명이 일어나 청나라가 망하고 국민당 정부가 들어섰다. 신해 혁명 후 중국은 각 지방에 뿌리를 두고 있는 군벌들이 세력 다툼을 벌이는 바람에 한시도 조용한 날이 없었다. 이런 가운데 1920년 창당한 중국 공산당이 서서히 영향력을 키워 나가고 있었다.

다른 아시아 국가들은 변함이 없었다. 여전히 유럽 제국주의 국가들이 동남아시아를 식민지로 지배하고 있었고, 한국 역시 일본 제국주의의 식민 지배 아래 있었다.

조국 베트남의 상황은 암울하기만 했다. 그동안 산발적으로나마 이어지던 독립 투쟁은 이제 지지부진한 상태였다. 독립 투쟁의 지도자들은 뿔뿔이 흩어졌고 대중들은 갈 길을 잃었다.

아이꾸옥은 도착하자마자 곧바로 일을 시작했다. 여기에 온 진짜 목적은 베트남 독립을 위한 혁명 정당을 만드는 일이었다.

중국에서는 수많은 젊은 베트남 독립운동가들이 정열적으로 활동하고 있었다. 하지만 그들에게는 확고한 이념이 없었다. 아이꾸옥은 이미 혁명 이론과 실천 전략을 몸에 익힌 전문가였고, 여기에 애국심으로 무장하고 있었다.

아이꾸옥은 중국에서 활동하는 베트남 애국지사 판보이쩌우와 만나 베트남 독립에 관해 논의했다. 그는 중국에서 베트남 독립운동 단체를 이끄는 최고의 지도자였다. 판보이쩌우는 이 젊고 실력 있는 마르크스주의 이론가가 자신의 친구 응우옌신삭의 아들임을 알고 깜짝 놀랐다.

"자네가 20년 전 바로 그 땃타인인가? 정말 반갑네. 자네하고 함께 일하게 돼서 정말 기쁘네."

"선생님, 우리 조국 베트남의 독립을 위해 우선 조직을 재편성해야 할 것 같습니다. 또 조직을 이끄는 이념이 필요한데 마르크스 레닌의 혁명 이론이 여기에 딱 맞다고 생각합니다."

판보이쩌우는 흔쾌하게 자신의 단체 조직원 명단을 아이꾸옥에게
건넸고 아이꾸옥은 조직을 만드는 일에 착수했다.

광저우의 프랑스 조계(외국이 행정권과 경찰권을 행사하던 중국 내
외국인 거주지)의 경찰과 인도차이나 경찰은 아연 긴장했다. 광저우
코민테른 지부에 리투이라는 중국인이 나타나 베트남
독립운동가들과 활발히 접촉하는 모습이 심상치 않았다.

프랑스 조계의 경찰은 대뜸 프랑스 본국의 식민지청에
응우옌아이꾸옥이 지금 어디 있는지 알아봐 달라고 요청했다.

곧 회신이 왔다.

"응우옌아이꾸옥은 모스크바에 있다."

광저우의 프랑스 비밀경찰은 베트남 독립운동 조직 안에 스파이를
심어 놓았다. 곧 중국인 리투이에 관한 보고가 들어왔다.

"리투이는 조심성이 많고 종잡을 수 없는 인물임. 절대 사진을
찍으려 하지 않음."

하지만 엉뚱한 곳에서 호찌민의 정체가 들통 났다.

1925년 3월, 광저우의 농민 사업 연구소에서 학생과 교수들이
기념 촬영을 할 때 아이꾸옥이 농민 대표 자격으로 이들과 함께
사진을 찍은 게 화근이었다.

이 사진이 프랑스 비밀경찰 손에 들어갔고 중국인 리투이가 바로

응우옌아이꾸옥이라는 것이 확인됐다. 꼬투리를 잡히면 체포될 수 있는 위험이 항상 도사리고 있었다.

베트남 혁명 청년회

위험 속에서도 첫 결실이 나타났다. 1925년 6월, 베트남 독립운동의 본부 역할을 하게 될 '베트남 혁명 청년회'가 결성됐다. 아이꾸옥은 혁명 청년회 기관지로 〈청년〉이라는 잡지도 창간하고, 회원들을 교육 시킬 훈련소도 세웠다.

그런데 혁명 청년회가 출범할 무렵 일이 생겼다. 독립운동 지도자인 판보이쩌우가 비밀리에 상하이를 방문했는데 그곳에서 그만 프랑스 경찰에 체포되고 만 것이다. 그는 베트남 독립운동의 상징이었다.

판보이쩌우는 베트남 하노이로 끌려가서 그곳에서 재판을 받고 감옥에 갇혔다. 그리고 얼마 후 석방되더니 곧바로 태도를 바꿔 프랑스 식민지 당국에 협력하기 시작했다.

비슷한 시기에 프랑스에서 활동하던 판쩌우찐도 베트남에 귀국해서 동포들을 대상으로 의식 개혁 운동을 펼치다 1926년 갑자기 사망했다.

판보이쩌우와 판쩌우찐. 두 사람은 20세기 초 베트남의 독립운동을 이끌었던 지도자였다.

하지만 양대 민족 지도자인 두 판 씨의 죽음과 변신은 오히려 베트남 독립운동에 활력을 불어 넣었다. 응우옌아이꾸옥의 혁명 노선이 더욱 힘을 받게 되었다.

가슴 뜨거운 베트남 청년들이 국경을 넘어 혁명 청년회로 몰려들었다.

부설 훈련소는 '베트남 혁명을 위한 특별 정치 연구소'라는 그럴듯한 간판을 달고 있었다. 큰 교실 뒤에 아이꾸옥의 작은 사무실과 침대가 마련되어 있었고 교실 옆엔 기숙사가 있었다. 또 문 뒤쪽으로는 언제 닥칠지 모르는 경찰의 기습에 대비해 비밀 통로도 만들어 놓았다.

베트남 청년들은 여기서 먹고 자며 조국의 해방을 꿈꾸고 공부했다. 작고 허름한 학교였지만 모스크바와 중국 공산당 지도자들이 기꺼이 강연을 하러 와 주었다. 뒷날 중국 최고 지도자 반열에 오른 류사오치, 저우언라이 등도 이 학교를 다녀갔다.

이 학교에서 브옹 선생은 단연 인기였다. 어려운 문제를 쉽게 설명하고, 형처럼 아버지처럼 따뜻하게 학생들을 보살펴 주었다. 그는 해박한 마르크스주의자였지만 동양 철학에도 통달했다. 또한 브옹 선생은 최후 승리를 믿는 철저한 낙관론자였다. 그가 바로

호찌민, 응우옌아이꾸옥의 또 다른 이름이었다.

1926년께 혁명 청년회 회원은 300명이었고 1년 뒤 1천 700명으로 불어났다.

다시 도망자 신세

세상은 아이꾸옥이 원하는 대로 움직여 주지 않았다.

1925년 3월 중국 혁명 지도자 쑨원이 사망하고 장제스가 후계자로 떠오르면서 상황이 바뀌기 시작했다. 그동안 중국에선 국민당과 공산당이 협력해서 지방의 군벌 세력을 토벌하고 있었다. 그런데 1927년 4월 12일 장제스는 갑자기 국민당 군대에 공산주의자 검거 명령을 내렸다. 국민당 내 공산주의자들이 자신을 반대한다는 이유 때문이었다.

중국 땅에 피바람이 불기 시작했다. 국민당 군대는 전국에서 공산주의자라는 이유로 수천 명을 한꺼번에 죽였다. 광저우에서도 2천 명을 체포했고, 수백 명을 총살했다. 아이꾸옥과 가까운 친구, 동지들도 희생을 당했다.

아이꾸옥도 서둘러 몸을 숨겨야 했다. 4월 말 아이꾸옥의 친구가 비밀 장소로 달려와 숨넘어가는 소리로 말했다.

"빨리 도망가. 광저우를 떠나야 해. 네가 공산주의자라는 사실을 누군가 국민당 군대에 신고했어."

어이없게도 아이꾸옥을 밀고한 사람은 가까운 베트남 사람이었다. 같은 민족, 같이 독립운동을 하는 동지였다. 하지만 배신감에 몸을 떨 여유도 없었다.

며칠 뒤 경찰이 아이꾸옥이 숨어 있는 곳을 습격했다. 그러나 그곳엔 아무도 없었다. 그 시간 중국인 리투이는 홍콩행 기차 안에서 차창으로 스쳐 가는 풍경을 보며 깊은 상념에 빠져 있었다.

서른일곱 살 호찌민은 또다시 정처 없는 유랑을 시작했다.

광저우 생활은 2년 6개월로 끝나고 말았다. 혁명가로서 보람 있는 경험도 많았지만 개인적인 행복과 아픔도 남겨 준 시간이었다.

호찌민은 어린 시절 이후 단 한 번도 가정적인 행복을 누려 본 적이 없었다. 하지만 주변 사람들의 증언에 따르면 호찌민은 광저우에서 중국 여자와 결혼했으며, 둘 사이에 딸도 있었다고 한다. 그러나 그 결혼 생활은 호찌민이 광저우를 탈출하는 바람에 1년을 넘기지 못하고 끝나고 말았다. 이 1년이 안 되는 세월이 호찌민 팔십 평생 가운데 유일한 결혼 생활이자 가정을 꾸렸던 시간이었다.

베트남 독립 이후 국가 주석이 된 호찌민은 중국 공산당에 부인과 딸이 어디 있는지 알아봐 달라고 부탁했다고 한다. 하지만 중국 당국도 모녀를 찾아내지 못했다. 호찌민은 아내와 딸을 다시 만나지 못했다.

아무튼 호찌민이 몸을 피한 홍콩도 그다지 안전한 곳이 아니었다. 홍콩 경찰은 리투이라는 이름으로 된 신분증을 수상쩍은 눈으로 살펴보더니 24시간 안에 홍콩을 떠나라고 명령했다.

이번에는 상하이로 가는 배를 탔다. 하지만 상하이는 광저우보다 훨씬 더 위험했다. 결국 아이꾸옥은 블라디보스토크로 가는 배를 탈 수밖에 없었다. 그리고 아이꾸옥은 한 달 뒤 블라디보스토크에서 모스크바 행 기차를 탔다. 2년 7개월 전 혁명의 대의를 품고 아시아를 향하던 그 대륙 횡단 기찻길을 이제 거슬러 가고 있었다.

거친 시베리아 평원에는 초여름의 기운이 완연했다. 모스크바로 되돌아가는 길이지만 실패자의 서글픈 귀향은 아니었다. 조국 독립을 위한 씨앗을 뿌려 놓고, 또 다른 준비를 하러 가는 길이었다. 두 걸음 전진을 위한 한 걸음 후퇴였다.

그 뒤 1년 동안 아이꾸옥은 전 유럽을 돌아다니며 공산당 동지들을 만나 베트남 독립을 위한 지원과 협력을 호소했다. 그리고 코민테른 동양 사무국에 요청했다.

"이제 내가 유럽에서 할 수 있는 일은 없습니다. 지금 이 순간도 인도차이나는 나를 부르고 있습니다. 할 일이 산더미인데 1년 넘게 이 나라 저 나라를 정처 없이 떠돌았습니다. 이제 인도차이나로 돌아갈 때가 됐습니다."

1928년 6월 말, 천신만고 끝에 호찌민은 태국으로 가는 배를 탔다. 중국을 탈출한 지 1년 만이었다. 또한 17년 만에 조국 베트남이 있는 인도차이나 반도로 돌아가는 길이었다.

베트남 공산당

1928년 7월 타우친이라는 베트남 사람이 태국의 수도 방콕에 도착했다. 며칠 뒤 타우친은 방콕에서 북쪽으로 300킬로미터 정도 떨어진 반동이라는 조그만 마을에 나타났다. 이곳에는 1926년부터 베트남 혁명 청년회 지부가 결성돼 있었다.

타우친은 낮에는 건설 현장에서 육체노동을 하고 밤에는 주민들을 모아 세계정세와 인도차이나 문제를 알아듣기 쉽게 설명해 주었다. 또 태국에서 살려면 태국 말을 배워야 한다며 자신도 하루에 단어 열 개씩을 외겠다는 계획을 세우고 엄격하게 실천했다.

또 혁명 청년회 기관지를 통해 베트남의 현실과 독립에 대한 의지도 불러 넣었다. 이런 소식은 곧바로 태국에 파견돼 있던 프랑스 경찰의 귀에 들어갔다.

"태국에서 타우친이라는 사람이 나타나 베트남 사람들이 모여 사는 동네마다 돌아다니며 선동하고 있음."

프랑스 경찰은 1927년 5월 응우옌아이꾸옥이 광저우를
탈출했다는 소문만 입수했을 뿐 정확하게 그가 어디 있는지 파악하지
못하고 있었다. 그를 잡으려고 여러 차례 경찰을 투입했지만
그때마다 잘도 도망 다녔다. 그는 변장과 피신의 전문가였다.

1929년 10월 10일 안남의 빈 재판소는 아이꾸옥이 없는 상태에서
재판을 열고 판결을 내렸다.

"국가 반역죄로 응우옌아이꾸옥을 사형에 처한다."

하지만 사형수 응우옌아이꾸옥은 지치는 기색도 없이 활동하고
있었다. 그는 베트남 사람들이 있는 곳이면 어디든 달려갔다. 그런
그에게 우울한 소식이 들려왔다. 베트남과 중국에서 활동하는
동지들이 분열과 대립을 일삼고 있다는 소식이었다.

베트남 혁명 청년회는 갈가리 찢어져 홍콩과 하노이에서
'인도차이나 공산당' '안남 공산당' '인도차이나 공산주의 연맹' 등
제멋대로 정당을 만들고 서로 자신만이 정통이라고 주장하면서
싸우고 있었다. 적과 싸우기는커녕 동지들끼리 서로 으르렁거리면서
함께 망가지고 있었다.

그해 말 응우옌아이꾸옥이 머물고 있던 태국 북동부의 조그만
도시에 한 베트남 청년이 도착했다. 광저우의 베트남 혁명 청년회가
파견한 사람이었다. 그는 다짜고짜 아이꾸옥에게 빨리 홍콩으로 같이

가자고 재촉했다.

"지금 혁명 청년회는 서로 분열돼 다투고 있습니다. 이대로 가다간 모두 함께 죽습니다. 이 분열을 해결할 사람은 아이꾸옥 동지밖에 없습니다."

아이꾸옥이 홍콩에 도착해 보니 한숨이 절로 나왔다. 분열은 소문으로 듣던 것보다 훨씬 심각했다. 말로는 모두 통합을 외치면서도 서로 잡아먹지 못해 안달이었다. 아이꾸옥은 분열된 세 분파 대표들을 한자리에 초청했다.

2월 3일 첫 회의가 열렸다.

"혁명을 하려는 사람들이 이렇게 분열하는 것은 죄악입니다. 우리 모두의 잘못입니다. 당연히 내 잘못도 큽니다. 그러나 지금 급한 것은 누구의 잘못을 가리는 것보다 통합을 이루는 일입니다."

아이꾸옥은 코민테른 요원이자 베트남 혁명 청년회를 창립한 주역으로서 회의를 이끌어 나갔다. 회의는 이곳저곳으로 옮겨 다니면서 계속됐다. 심지어 한창 시합이 열리고 있는 축구장 아래에서 회의를 갖기도 했다.

아무리 심각한 갈등과 분열이라도 하나로 뭉치게 하는 묘한 마력, 호찌민의 진짜 능력이 나왔다. 세 분파 사이에 토론이 착착 진행됐고 생각보다 쉽게 합의를 이끌어 냈다. 결론은 정식으로 공산당을 창당하는 것이었다. 어느 한 당이 중심이 되는 게 아니고 세 개의 당을 모두 해체하고 새로운 정당을 건설하기로 했다.

마지막 남은 문제는 정당의 이름이었다. 아이꾸옥은 홍콩에 오기 전부터 생각해 둔 이름이 있었다. 1893년 이후 프랑스 당국이 쓰지 못하게 한 오래된 이름, '베트남'이라는 나라 이름을 정당 이름으로 쓰기로 했다.

베트남 공산당.

모두가 흔쾌히 찬성했다. 나머지 문제들은 술술 풀렸다. 회의는 단 4일 만에 끝났다.

2월 7일 공식적으로 베트남 공산당이 출범했다. 베트남과 중국, 태국 등지에서 당원 300명을 거느린 혁명 정당이 태어난 것이다. 아직은 미약한 존재였다. 그러나 코민테른 동양 사무국에 보낸 편지를 보면 아이꾸옥의 자부심이 그대로 드러났다.

"베트남 공산당이 창건되었습니다. 혁명 청년회는 해체되었지만 어린 공산주의 새를 키워 보낸 알껍데기 같은 존재였습니다. 베트남 공산당은 아직 어리고 작지만 어떤 정당들보다 활동적이고 잘 조직되어 있습니다."

끝없는 시련

묻노니 내 지은 죄 무엇이란 말인가?
죄라면 민족 위해 충성을 다한 죄밖에 더 있는가?

-〈옥중일기〉'제4전구에 도착해서' 중에서

대책 없는 폭동

1930년 초의 가뭄과 홍수, 프랑스 식민지 당국의 가혹한 탄압으로 베트남 사람들의 불만은 풍선처럼 크게 부풀어 올랐다.

당시 프랑스는 인도차이나 식민지에서 4만 5천 명의 정규군과 민병대를 거느리고 있었다. 이 군인들 가운데 3분의 2 이상이 베트남 사람들이었다.

군대 내에서도 베트남 출신의 군인들은 불만과 분노가 최고조에 달했다. 강제로 끌려온 데다 프랑스 장교들의 비인간적인 대우 때문에 베트남 출신 군인들은 언제 폭발할지 모르는 시한폭탄이 되었다.

1930년 2월, 베트남 출신 군인들이 대대적인 무장봉기를 계획했다. 하지만 그 끝은 참담했다. 중간에 가담자 한 사람이 겁을 먹고 밀고하는 바람에 제대로 시작도 하지 못하고 주동자 열세 명이 모조리 체포돼 총살을 당한 것이다.

군인들의 무장봉기는 실패했지만, 먹고살기 힘들어진 베트남 사회는 곳곳에서 크게 흔들리고 있었다.

홍수와 가뭄, 게다가 1930년대 대공황으로 인해 쌀값과 땅값이 곤두박질쳤다. 굶주림에 지치고 살 길이 막막해진 농민들은 농촌을 떠나 도시로 몰려들었다. 하지만 도시라고 뾰족한 수가 있을 리 없었다.

베트남 사람들은 프랑스 자본가들이 세운 공장에 들어가 일하는 수밖에 없었다. 잠도 제대로 자지 못하고 새벽부터 일어나 일주일 내내 고되게 일했다. 밥도 제대로 먹을 시간 없이 일을 했지만 임금은 쥐꼬리만 했다. 베트남 노동자들은 간신히 목숨을 부지할 수 있을 뿐이었다. 게다가 다반사로 일어나는 프랑스 감독들의 욕설과 매질은 무엇보다 견디기 힘들었다.

곳곳에서 노동조건 개선과 프랑스 감독들이 잔인한 매질 금지를 요구하며 파업과 시위가 일어났다. 일부 공산당 조직들이 선동한 폭동도 있었지만 특별한 주도 세력도 없고 주동자도 없는 단순한 폭동이었다.

창건된 지 얼마 되지도 않은 베트남 공산당으로선 이런 상황이 난감할 뿐이었다. 겉보기엔 공산주의 혁명의 기운이 무르익은 것처럼 보이기도 했다.

아이꾸옥의 측근들은 이때를 놓치지 말고 어서 빨리 봉기를 시작하자고 재촉했다.

"드디어 혁명의 때가 왔습니다. 이제 우리가 나서야 하지 않을까요?"

"조직이 제대로 갖춰지지 않은 상태에서 성급하게 움직였다가는 희생만 커질 뿐입니다. 아직 때가 아닙니다. 조금만 더 기다려 봅시다."

그러나 베트남 중부 지역에서는 1930년 내내 폭동이 계속됐다. 그 지역에 있는 공산당 활동가들이 중앙의 통제에도 아랑곳하지 않고 시위를 주도했다.

응에안 지방의 일부 지역에서는 공산당 활동가들이 지방 관청을 무력으로 점령했다. 그리고 스스로 임시 자치 기구를 만들어 직접 행정을 펼쳤다.

자치 기구는 모든 빚과 세금을 없애고 소작료를 내렸다. 그리고 마을 지주와 폭력배들이 차지하고 있던 공동경작지를 몰수해 농민들에게 나누어 주었다.

또 의용군을 편성해 법과 질서를 유지했다. 일부에서는 더 과격하게 지주들의 땅을 몰수하고 도박이나 매춘, 도둑질 같은 범죄 행위에 대해 엄격하게 처벌을 하기도 했다.

프랑스 식민지 지배를 벗어난 해방구를 건설한 셈이다. 겉으로 보기에는 딱 떨어지는 공산주의 혁명이었다. 그러나 준비 없는 혁명의 결과는 처참했다.

프랑스 제국주의는 혁명을 진압하기 위해 응에안 지방에

외인부대를 파견했다. 1930년 9월 12일, 6천 명의 시위 군중이 응에안 지방의 옌수옌에서 빈을 향해 행진을 시작했을 때 땅에서는 군인들이 총을 쏘았고 하늘에선 전투기들이 폭탄을 퍼부었다. 그날이 지나자 빈과 옌수옌을 잇는 길엔 피가 강물처럼 흘렀고 시체가 산을 이루었다.

대학살을 끝낸 프랑스 식민지 당국은 공산주의 활동가들에 대한 대대적인 검거령을 내렸다. 짧은 해방의 대가는 너무 컸다.

좌절과 소외

1930년 10월, 베트남 공산당의 제1차 중앙위원회 전체 회의가 열렸다. 이 회의에서 아이꾸옥은 당 중앙위원들의 집중적인 공격을 받았다. 당의 이름과 당의 강령을 잘못 만들었다는 비판이었다.

"그동안 베트남 독립이 우리 당의 최고 목표였지만 이제 노동자, 농민 해방을 최고의 목표로 삼아야 합니다. 이는 우리의 뜻이며 또한 코민테른의 지시이기도 합니다."

당의 강령이 바뀌었다. 당의 이름도 '베트남 공산당'에서 '인도차이나 공산당'으로 바뀌었다. 이는 당의 이름을 짓고 강령을 만든 아이꾸옥에 대한 거부의 뜻이었다.

총서기로는 쩐푸가 선출되었다. 그는 1928년 혁명 청년회에 가입했다가 모스크바의 스탈린 학교에서 공부하고 돌아온 젊은 혁명가였다. 쩐푸는 총명했고 마르크스 레닌주의에도 밝았으며 원칙주의자였다. 철저한 공산주의자였던 그는 총서기로서 당 창건의 주역인 아이꾸옥의 노선을 거부하고 번번이 아이꾸옥을 비판했다. 민족의 독립을 최고의 목표로 생각하는 아이꾸옥이 정통 공산주의자가 아니라는 비판이었다.

아이꾸옥에겐 커다란 좌절이었다. 그러나 그보다 더 큰 비극이 찾아왔다. 1931년 3월 말, 총서기 쩐푸는 사이공의 비밀 장소에서 제2차 중앙위원회 전체 회의를 소집했다. 회의가 시작되고 며칠이 지났을 때였다. 회의장 밖에 검은 그림자들이 어른거렸다.

"모두 꼼짝 마라."

프랑스 경찰이었다. 소리칠 새도 없었다. 회의장 안에 있던 공산당 간부들이 몽땅 잡혔다. 그 안에 총서기 쩐푸는 없었다. 경찰이 들이닥치는 그 순간 그는 집 바깥에 있는 화장실에 있었다. 쩐푸는 겨우 도망 나와 혼자만 체포를 면했다.

당시 잡힌 사람들 가운데 한 명이 고문을 못 이겨 동지들 명단과 주소를 경찰에 털어놓았다. 단 며칠 만에 베트남에서 활동하던 공산당 지도부가 모두 체포됐다. 경찰의 추적을 피해 필사적으로 도망치던 쩐푸도 끝내 붙잡혔다. 체포된 지도부는 모두 처형되거나

감옥에서 죽었다. 총서기 쩐푸도 갇힌 지 불과 몇 달 만에 감옥에서
죽고 말았다. 고문 후유증이었다. 이제 베트남에서 활동하던
인도차이나 공산당 지도부는 완전히 붕괴되고 말았다.

응에안 지방의 봉기도 엄청난 희생을 남기고 가라앉았다. 1931년
봄까지 무려 2천 명이 처형되거나 사망했고, 5만 1천 명이 시위에
가담한 죄로 감옥에 갇혔다. 베트남은 긴 죽음의 침묵으로 들어갔다.

"응우옌아이꾸옥이 죽었다."

당시 홍콩에 머물고 있던 응우옌아이꾸옥은 상황이 험악해지고
있다는 걸 뒤늦게 알았다. 아까운 동지들을 잃은 슬픔에 잠길 겨를도
없었다. 모든 일에 조심 또 조심했지만 아이꾸옥에게도 운명의
순간은 소리 없이 다가오고 있었다.

1931년 6월 6일 새벽 2시, 홍콩의 한 아파트에 영국 경찰이
들이닥쳤다.

"응우옌아이꾸옥, 당신을 체포하겠소."

"무슨 소리요? 난 중국인이오."

"허튼 소리 마시오. 이미 증거를 다 확보했소."

아이꾸옥은 홍콩 감옥에 갇히고 말았다. 싱가포르에서 잡힌
코민테른 요원의 편지에서 아이꾸옥의 주소가 나온 게 꼬투리가

되었다.

　이튿날 홍콩 신문에는 "응우옌아이꾸옥으로 의심되는 인물이 체포됐다."고 크게 보도됐다. 이때 아이꾸옥뿐 아니라 베트남과 홍콩, 광저우에서 활약하던 공산주의 혁명가들이 대부분 잡혔다.

　아이꾸옥을 놓고 영국과 프랑스가 신경전을 벌였다. 프랑스는 아이꾸옥을 프랑스로 넘겨 달라고 요구했다. 이번 기회에 악명 높은 반역자를 데려다가 이미 선고한 대로 사형을 집행하려고 작심했다.

　하지만 영국은 프랑스의 요구에 응할 수 없었다. 아이꾸옥이 영국의 영토인 홍콩에서 범법 행위를 한 적이 없고 영국과 프랑스 사이에 정치범 인도 협약도 없었기 때문이었다.

　영국 경찰이 이러지도 저러지도 못하는 사이에 감옥에 갇힌 아이꾸옥은 견딜 수 없는 고통을 겪고 있었다. 지하 동굴 같은 감옥은 사람이 살 만한 곳이 아니었다. 썩은 밥과 썩은 반찬, 정기적인 매질과 고문……. 아이꾸옥은 짐승 취급을 받았다. 그러나 그보다 더 고통스러운 것은 석방될 희망이 없다는 것이었다. 몇 주가 지난 후 편지 쓰는 것이 허락되었다. 아이꾸옥은 동지들에게 편지를 썼다.

　"이제 아침, 저녁으로 피를 토하고 있소. 이대로 가면 난 여기서 죽을지도 모르오."

　강철 같은 혁명가에게도 절망은 참기 어려운 고통이었다. 몸은 망가졌고 그의 곁에는 항상 죽음의 그림자가 어른거렸다. 바닥을 기어 다니는 벌레가 그의 유일한 친구였다. 그러나 행운의 여신은 호찌민을 버리지 않았다.

영국인 의사가 아이꾸옥이 결핵에 걸렸기 때문에 격리시켜서 치료해야 한다고 주장했다. 영국 당국은 병 치료를 이유로 아이꾸옥을 영국으로 보내기로 결정했다. 이제 살아날 수 있게 됐다.

이때 프랑스 경찰에 첩보가 날아들었다.

"응우옌아이꾸옥이 죽었다."

프랑스 경찰은 믿을 수 없었으나 아이꾸옥이 감옥에서 결핵을 앓다가 죽었다는 증언이 잇달았다. 신문에도 났다. 〈데일리 워커〉라는 신문에 아이꾸옥의 사망 기사가 실렸다. 아이꾸옥의 죽음은 소련 언론과 프랑스 공산당 기관지에도 보도되었다. 아이꾸옥을 보호하기 위해 주변에서 헛소문을 낸 것이었다.

1932년 말 아이꾸옥은 감옥에서 나와 다음 해 1월 초 홍콩을 떠나 영국으로 가는 배에 탔다. 배가 싱가포르에 도착했을 때 그곳 관리들은 아이꾸옥이 탈옥했다고 의심하여 다시 홍콩으로 돌려보냈다.

홍콩 당국은 다시 그를 조용히 석방했고 공식적으로 죽은 아이꾸옥은 중국 샤먼과 상하이에서 몇 달간 진짜 죽은 것처럼 조용히 있다가 몰래 블라디보스토크로 가는 배를 탔다.

다시 모스크바로

1934년 늦봄, 모스크바에 병색 짙은 아시아 중년 남자가 나타났다. 응우옌아이꾸옥이었다. 죽었던 영웅이 돌아온 것이다. 스탈린 학교에서 공부하는 베트남 학생들은 죽은 줄 알고 장례식까지 치른 아이꾸옥이 살아 돌아왔으니 놀라지 않을 수 없었다.

소련 공산당과 코민테른은 그를 영웅으로 치켜세웠다. 스탈린 학교는 그에게 베트남 학생들을 지도하는 일을 맡겼다. 베트남 학생들 사이에서 아이꾸옥은 큰형이자 아저씨이자 선생님이었다. 아이꾸옥은 학생들 사이에서 다툼이 일면 유난히 단결을 강조했다.

"150명밖에 되지 않는 이 작은 무리도 단결하지 못하면서 어떻게 조국으로 돌아가 동포를 단결시켜 나라를 구할 수 있겠는가?"

호찌민은 단결이야말로 약자에게 가장 중요한 덕목이라고 믿었다. 호찌민은 나중에 유언장에서도 남과 북의 단결만이 제국주의를 물리칠 무기라고 강조했다.

하지만 불같은 열정을 지닌 혁명가도 병 앞에선 무력했다. 홍콩 감옥에서 얻은 병의 후유증이었다. 주변에서 요양을 권했다.

"혁명도 건강이 있어야 할 수 있습니다. 좀 쉬세요."

건강도 좋지 않았지만 1930년대는 호찌민에게 긴 침묵과 시련의 시절이었다. 코민테른 본부는 민족주의 성향을 가진 그에게 일할 기회를 주지 않았다. 되살아난 인도차이나 공산당도 아이꾸옥에게 호의적이지 않았다.

"아이꾸옥 동지는 당원 가운데 프랑스 경찰의 첩자가 있는 걸 알면서도 그냥 방치했습니다. 또 동지들의 사진과 주소를 소홀하게 관리하는 바람에 동지들이 모두 체포되고 말았습니다."

인도차이나 공산당이 위기를 맞은 것이 아이꾸옥의 잘못이라는 비판이었다.

1935년 7월 모스크바에서 코민테른 제7차 대회가 열렸다. 대회 때마다 아이꾸옥은 영웅으로 떠올랐지만 이번 대회에선 구경꾼에 지나지 않았다.

아이꾸옥은 코민테른 본부에 자신을 베트남으로 돌아가게 해 달라고 요청했다. 그러나 특별한 이유 없이 요청은 거절 당했고 보내 달라, 안 된다, 승강이는 3년이나 계속됐다.

1938년 9월 29일, 코민테른은 아이꾸옥의 끈질긴 요구에 중국으로 돌아가도 좋다는 허락을 내렸다. 중국에서 코민테른과 중국 공산당, 인도차이나 공산당과의 연락과 조정 임무를 맡으라는 것이었다.

1931년 영국 경찰에 체포된 뒤로 현장에서 떠나 있던 아이꾸옥이

8년의 공백을 뛰어 넘어 아시아로 돌아가게 됐다.

　이번엔 시베리아가 아닌 중앙아시아 길을 택했다. 광활한 대초원이 눈앞에 펼쳐졌다. 아이꾸옥의 마음이 먼저 대초원으로 뛰어나갔다. 쇠창살 우리에 갇혔던 사자가 자유를 찾은 것이다.

현장으로 복귀

　중국 옌안에 도착하자 중국 공산당 간부들은 아이꾸옥을 극진하게 대접했다.

　아이꾸옥은 구이린에서 팔로군(1937년부터 1945년까지 항일전의 최전선을 담당했던 중국 공산당의 주력 부대)에 합류했다. 팔로군 시절 옆에서 지켜본 동지는 훗날 호찌민에 대해 이렇게 기억했다.

　"그는 보건 담당 감독관이었지만 매일 아침 일찍 일어나 청소를 했다. 그리고 타자기를 늘 소중하게 끼고 다니며 시간이 날 때마다 글을 썼다. 우리는 그가 누구인지 정확하게 알지 못했다. 하지만 중국 공산당 간부들은 그를 깍듯이 대했다."

　아이꾸옥은 팔로군에서 활동한 지 1년이 지나서야 인도차이나 공산당과 접촉할 수 있었다. 1940년 2월 아이꾸옥은 중국 윈난 성 중부 쿤밍에 인도차이나 공산당 해외 지부가 설치되었다는 말을 듣고 쿤밍으로 갔다.

신사복을 차려입은 중년의 신사가 쿤밍의 한 목재 공장에
나타났다.

"여기 친동하이라는 베트남 직원이 있습니까?"

"제가 친동하이인데요."

"아 그래요? 나랑 얘기 좀 합시다."

쿤밍에 있는 인도차이나 공산당 동지들은 응우옌아이꾸옥이
자기들 앞에 나타났다는 사실 하나만으로도 사기가 하늘을 찌를
듯했다. 인도차이나 공산당 간부들도 자신들의 대선배이자 당 창건의
주역인 아이꾸옥을 찾기 위해 백방으로 노력하고 있던 참이었다.

인도차이나 공산당은 한동안 계급투쟁에 치우쳐 민족의 독립
문제를 소홀하게 여겼던 당 방침을 바꾸고 조국 독립을 최우선
과제로 정했다. 이제 당이 아이꾸옥의 지도를 다시 받겠다는
선언이었다.

아이꾸옥은 쿤밍에 머물렀다. 쿤밍은 베트남 북부와 가까운 곳에
자리하고 있어, 조국 독립 투쟁의 관문 역할을 할 수 있는 곳이었다.
아이꾸옥은 몇 달 동안 허름한 농사꾼으로 변장하고 쿤밍 주변의
중국과 베트남의 국경 지역의 지리적 여건을 세밀하게 조사하며
새로운 투쟁 방식을 연구했다.

이때 베트남에서 젊은 당원 두 사람이 쿤밍으로 파견돼 왔다.

팜반동과 보응우옌잡. 아이꾸옥은 두 사람을 얼싸 안았다. 혁명 청년회 시절부터 따르던 후배들이다. 두 사람은 베트남 독립 이후에도 정부의 요직을 맡으며 호찌민의 유능한 참모이자 평생의 동지가 되었다.

  1939년 2차 세계대전이 일어났다. 세계정세는 급하게 변하고 있었다. 특히 베트남 식민지 지배국인 프랑스의 상황이 예사롭지 않았다. 이듬해 프랑스는 독일에 항복을 했다.

  응우옌아이꾸옥은 마음이 급해졌다. 쿤밍의 인도차이나 공산당 당원들에게 총동원 명령을 내렸다.

  "동지 여러분, 이제 더 이상 여기에서 꾸물거릴 여유가 없습니다. 우린 하루라도 빨리 조국 베트남으로 돌아가 독립 혁명에 나서야 합니다."

  이제 긴 침묵은 끝났다.

동굴 투쟁

마땅히 시야는 넓게 생각은 치밀하게
공격은 때때로 단호해야 하느니

-〈옥중일기〉'장기를 배우며' 중에서

베트민 전선의 탄생

프랑스가 독일에 항복했다. 그러면 베트남에서 식민지 지배 세력은 물러나야 되는 게 아닌가? 그런데 그게 아니었다. 독일이 프랑스에 세운 꼭두각시 정부는 베트남 식민지를 계속 유지하려 했다. 그러나 아시아에서 거대 제국을 건설하려는 일본이 이를 가만둘 리 없었다. 일본군이 베트남으로 밀려들었다. 겉으로는 프랑스가 베트남을 지배했지만 실질적으론 일본이 뒤에서 조종했다.

호찌민은 이런 상황에선 사상과 관계없이 모든 동포가 손잡고 조국의 독립을 위해 싸워야 한다고 믿었다. 공산주의자를 싫어하는 독립운동가들을 끌어들이기 위해 공산주의란 이름을 내세우지 않는 조직을 만들어야 했다.

베트남 독립 동맹. 줄여서 '베트민 전선'은 이렇게 탄생했다.

뜻을 밝히는 사람, 호찌민

1940년 가을, 중국 남자 몇 명이 차를 타고 구이린을 떠나 베트남 국경 쪽으로 달리고 있었다. 그 가운데 가장 어른인 듯한 중년 신사는 유창하게 프랑스 말을 구사했다. 그러다 옆 사람이 실수로 바지에 담뱃재를 떨어뜨리자 깜짝 놀라 베트남 말로 외쳤다.

"조심해. 바지가 타잖아."

"프랑스 말만 하기로 해 놓고 베트남 말을 하시면 어떡해요?"

일행들은 모두 뒤집어질 듯 웃었다. 중년 신사는 중국인 기자 행세를 했는데, '호찌민'이라는 이름을 썼다. 그가 바로 아이꾸옥이었다. 중국인 행세를 하려니 이름도 중국식으로 호찌민('뜻을 밝힌다'는 뜻)이라 지었다. 이렇게 해서 베트남의 상징이며 자랑인 호찌민이라는 이름이 태어났다.

평생 169개의 이름을 사용한 호찌민은 1940년까지 응우옌아이꾸옥이라는 이름을 가장 많이 썼지만, 1940년 이후엔 호찌민이라는 이름을 더 많이 사용했다. 그리고 그 이름으로 베트남 민주공화국 초대 주석에 취임하는 바람에 호찌민이라는 이름이 굳어지고 말았다.

30년 만의 귀국

베트남으로 들어가 독립 투쟁을 하기로 마음먹은 호찌민은 1941년 1월 28일, 수십 명의 무리를 이끌고 국경을 넘었다. 거리는 얼마 되지 않았지만 산이 험하고 밀림이 빽빽해서 행군하는 데 여러 날이 걸렸다.

2월 초, 이들은 팍보 마을에 도착했다. 중국과의 국경에서

1킬로미터 정도 떨어진 조그만 산촌 마을이었다. 마을 뒤에는 험준한 바위 절벽이 있었고, 바위 절벽에는 커다란 석회 동굴이 있었다. 일행은 그 동굴에 짐을 풀었다.

호찌민에겐 30년 만의 귀국이었다. 하지만 초라하기 이를 데 없었다. 내 조국 땅에 들어오는데 앞문으로 오지 못하고 험한 뒷문으로 숨어서 들어온 것이다. 그러나 바로 그 초라했던 귀국은 베트남을 억압의 굴레에서 벗어나게 한 우렁찬 첫걸음이었다.

팍보 동굴의 지도자

동굴 생활이 시작됐다. 앞에는 시냇물이 흘렀고 뒤로는 커다란 봉우리가 감싸고 있었다. 풍경은 아름다웠지만 생활은 고통스러웠다. 2월 늦겨울, 기온은 10도까지 떨어지기 일쑤였다. 더운 지방에서 자란 사람들에게는 견디기 힘든 추위였다. 사람들은 나뭇가지로 엮은 이불과 모닥불만으로 추위를 견뎌야 했다.

하지만 호찌민은 이때가 가장 행복했다고 자주 말하곤 했다. 그의 가장 가까운 벗이자 최고의 전쟁 지휘관인 보응우옌잡은 그 시절을 이렇게 기억했다.

"우리는 저녁만 되면 동굴 가장자리로 모여들었다. 그리고 모닥불 주위에 둘러앉아 호 아저씨의 이야기를 들었다. 호 아저씨는 매일

밤 이야기 보따리를 풀어놓았다. 아저씨는 세계의 역사와 혁명에 대해 강의를 했고 우리는 옛날이야기를 듣는 어린아이들처럼 그 속으로 빨려 들어갔다."

호찌민은 평생 그랬듯 선전 활동을 중요하게 여겼다. 당 기관지인 〈독립 베트남〉 제작에 많은 공을 들였다. 동굴 앞 냇가에 있는 널따란 바위가 호찌민의 책상이었다.

팍보 동굴의 동지들이 〈독립 베트남〉을 배포했다. 〈독립 베트남〉 덕분에 국경 지역의 많은 청년, 농민, 여성, 군인들이 베트민의 지지자가 되었다.

1941년 5월 10일, 베트남 전국에서 인도차이나 공산당 지역 대표들이 팍보 마을로 숨어들었다. 팍보 동굴에서 제8차 전체 회의가 열렸기 때문이었다. 중요한 회의였다. 이 회의에서 인도차이나 공산당은 베트남의 독립을 제1의 목표로 선언했다. 이제 지루했던 논쟁은 끝났다. 그동안 노동자 계급 혁명과 민족의 독립 혁명 중에서 무엇이 우선이냐 하는 논쟁에서 공식적으로 호찌민의 지도 노선을 채택한 것이다. 대회 마지막 날 당 지도부를 선출할 차례가 되었다. 어느 누구도 호찌민이 당 총서기를 맡는 것에 의문을 품지 않았다.

"호찌민 동지께서 우리 당을 이끌어 줘야 되겠습니다."

"아닙니다. 나보다는 더 젊은 동지가 나서는 게 바람직합니다."

호찌민은 극구 사양했다. 당 총서기를 누가 맡든 별로 중요하지 않았다. 호찌민은 이미 베트남의 상징이자 전설적인 최고 지도자가 되어 있었다.

뜻하지 않은 불행

1942년 8월 13일, 중국인 기자 호찌민이 중국에 나타났다. 중국 국민당에 지원을 요청하러 가는 길이었다. 호찌민은 국경 부근 작은 마을을 지날 때 국민당 정부 경찰의 검문을 받았다.

"중국 국제신문사 기자입니다."

하지만 경찰이 호찌민의 몸을 수색을 하자 각종 가짜 신분증들이 쏟아져 나왔다. 경찰은 이렇게 많은 위조 신분증을 갖고 있는 것으로 보아 일본 간첩이 틀림없을 거라고 생각했다.

어이없게 체포된 호찌민은 꼬박 1년 넘게 감옥에 갇혔다. 그것도 열여덟 개나 되는 감옥을 옮겨 다니면서. 그러는 동안 호찌민의 건강이 많이 망가졌다. 목과 발에 쇠사슬을 매달고 있어야 했고, 밥도 물도 제대로 주지 않았다. 그나마 몸이 약했던 호찌민은 더욱 쇠약해졌다. 머리가 하얗게 변해 버렸고 이도 빠져나갔다. 몸에는 종기가 가득 생겼다. 그러나 끔찍한 환경은 호찌민을 시인으로 만들었다.

서시
이 몸은 비록 감옥에 갇혔으나
정신은 결코 갇히지 않았네
큰일을 이루려면 정신을 더욱 크게 가져야지

시집을 앞에 두고
이 늙은이는 본래 시 읊조리는 것을 좋아하지 않지만
감옥에 갇힌 몸 달리 할 수 있는 일이 없으니
이제 시를 읊으며 기나긴 날들을 보내리라
시를 읊고 또 읊으며 자유의 그날을 기다리리라

베트남에는 비상이 걸렸다. 중요한 시기에 호찌민의 빈자리는 독립 혁명에 큰 타격이었다. 호찌민을 석방시키기 위해 온갖 노력을 다 기울였지만 허사였다. 중국 국민당 정부는 뒤늦게 호찌민이 베트남의 존경 받는 독립운동가이자 코민테른의 거물급 인사라는 걸 알고 풀어주었다. 체포된 지 1년 하고도 열흘이 넘은 뒤였다.

혁명 전야
호찌민이 팍보 동굴로 돌아왔다. 호찌민은 베트남 북부 지역의 선전 활동과 소규모 게릴라 부대를 조직하는 데에 힘을 쏟으며 장차 전면적인 봉기에 대비했다. 소규모로 적을 기습하고 신속하게 빠져나가는 게릴라전은 전력이 약한 부대에게 효과적인 전술이었다. 게릴라 부대의 조직과 훈련은 보응우옌잡이 맡았다. 아내와 누이가 프랑스에 죽임을 당한 보응우옌잡은 역사 학도에서 탁월한 게릴라 전사로 변신했다.

1945년 들어 인도차이나의 프랑스 총독은 잔머리를 굴리기 시작했다. 총독은 그동안 일본의 조종을 받아 가며 베트남에서 지배권을 유지해 왔다. 한데 지금은 2차 세계대전에서 일본의 패배가 눈앞에 보였다. 지금 일본과 싸운 척이라도 해야 나중에 전후 협정에서 연합국으로부터 떡 한쪽이라도 얻어먹을 수 있을 것 아닌가? 총독은 은근히 일본에 반기를 들려 했다.

이를 눈치 챈 일본은 1945년 3월 9일, 단숨에 총독부를 점령하고 모든 관리들을 내쫓거나 체포했다. 프랑스 군대는 저항 한번 못 해보고 일본군에 무릎을 꿇었다.

이로써 프랑스 식민 지배가 끝나고 일본군이 황제 바오다이를 앞세워 허수아비 베트남 제국을 세웠다. 한 도둑이 물러가니 또 다른 도둑이 들이닥친 셈이었다.

호찌민은 이렇게 비유했다.

"일본 파시스트 하이에나들이 프랑스 제국주의 이리를 잡아먹었다."

호찌민의 눈에는 일본의 패망이 보였다. 전쟁이 끝나면 연합국, 그중에서도 중심국인 미국으로부터 함께 싸운 동지라는 인정을 받는 게 중요했다.

행운은 뜻하지 않게 굴러 왔다. 게릴라 지도자에 머물렀던 호찌민을 미국 정부가 중요한 독립 투쟁 지도자로 인정하는 기회가 찾아온 것이다.

1944년 11월 11일 미국 정보부대 소속 정찰기가 일본군의 움직임을 감시하다가 중국과 베트남의 국경 지대에서 추락했다. 조종사는 낙하산으로 간신히 탈출했지만, 당시 인도차이나를 점령하고 있던 일본은 미군 조종사를 체포하기 위해 혈안이 되었다.

밀림을 헤매던 조종사는 운 좋게 베트민 부대를 만났다. 부대원들은 말이 통하지 않자 조종사를 호찌민에게 데려갔다.

"어서 오세요, 미군 조종사. 어디서 왔소?"

호찌민이 유창한 영어로 말하자 조종사는 너무 감격한 나머지 그만 이 부드러운 카리스마 넘치는 지도자를 끌어안고 말았다.

"저를 중국 국경 너머 우리 부대로 보내 주십시오."

"좋소. 나도 중국에 갈 일이 있으니 같이 갑시다."

호찌민은 미군 조종사와 함께 중국으로 갔다.

호찌민이 미군 정보부대인 전략사무국와 관계를 맺고 지원을 받을 수 있었던 건 바로 이런 인연 때문이었다. 호찌민은 쿤밍으로 가서 미국 제14공군 사령관을 만났고 전략사무국 요원들과 협조 관계를 맺었다. 미국 중앙정보부의 전신인 전략사무국도 베트남에서 힘 있는 협조자를 구하고 싶었는데 의외로 거물을 만난 것이었다. 공동의 적인 일본군에 대한 정보를 주고받았고, 베트남 북부 밀림 지대에 추락한 미군 비행기 조종사들을 함께 구출했다.

호찌민은 미국 전략사무국 요원들이 낙하산을 타고 베트민 본부로 찾아왔을 때 극진하게 대접했다. 그들은 모두 감동했고 호찌민의 숭배자가 되었다.

양지로 나온 혁명가

곳곳마다 농민 얼굴 웃음 꽃 가득하니
들녘에는 노랫가락 가득히 울려 퍼지네

-〈옥중일기〉'들판 풍경' 중에서

8월 혁명

세계정세는 시시각각 변했다. 1945년 8월 6일 히로시마에 원자폭탄이 떨어졌다. 이제 일본의 항복은 시간 문제였다. 더 이상 머뭇거릴 이유가 없었다.

호찌민은 베트민 간부들에게 단호하게 명령했다.

"전국 베트민 조직 대표들을 당장 소집합시다. 전국 인민 대회를 열어야 합니다. 혁명은 때가 중요합니다. 이때를 놓치면 기회는 영원히 오지 않습니다."

베트민은 전국에서 봉기를 일으키기로 결정했다. 거사일은 일본이 항복하는 바로 그날로 정했다.

1945년 8월 15일 정오, 일본 왕 히로히토가 떨리는 목소리로 무조건 항복을 선언했다. 그렇게 2차 세계대전은 끝났다.

다음 날인 8월 16일, 베트민 대표들은 즉각 전국 인민 대회를 열었다. 베트남 북부의 베트민 게릴라 본부로 전국의 인민 대표 60명이 모였다. 이들은 지체 없이 베트남 민주공화국을 수립할 것을 결의했다. 붉은 바탕에 황금 별을 그려 넣은 새 국기와 국가도 정했다. 혁명을 이끌어 갈 5인의 민족 지도 위원회도 선출했다. 위원장은 호찌민이었다. 곧 '전국 인민에게 보내는 호소문'이 발표되었다.

"우리 민족의 운명을 결정할 때가 왔다. 우리 모두 해방을 위해 일어서자. 전 세계 모든 억압 받는 민족들이 독립을 위해 다투어 일어서고 있다. 우리만 뒤쳐질 수 없다. 전진! 전진! 베트민 전선 깃발 아래 용감하게 전진하자!"

베트남 전국에서 인민 봉기가 일어났다. 일부는 자연 발생적인 것이었고 일부는 베트민 조직이 주도한 것이었다. 봉기를 일으킨 세력들은 해방 위원회를 구성하고 그 지역을 장악했다.

보응우옌잡이 이끄는 베트남 해방군이 하노이를 향해 진군을 시작했다. 하지만 해방군이 도착하기도 전에 하노이에서는 혁명이 시작되었다. 인도차이나 공산당의 정식 당원은 50명에 불과했지만 모든 베트남 동포가 지지해 주고 있었다.

8월 19일 베트남 해방군이 하노이에 입성했다. 하노이는 붉은 바탕에 황금 별의 깃발로 뒤덮였다. 베트남 해방군은 순식간에 하노이 전체를 점령했다. 일본군도, 허수아비 바오다이 황제의 군대도 저항 한번 못 하고 백기를 들었다.

이어 8월 22일 안남 제국의 수도 후에에서도 해방 위원회가 모든 권력을 쥐었고, 8월 25일 바오다이 황제는 선선히 황제 자리를 내놓았다.

일본이 항복한 지 불과 열흘 만에 북베트남은 베트남 민주공화국의 깃발 천지가 되었다. 8월 25일 남부의 사이공에서도 임시정부가 수립되었다. 당연히 베트민이 주도했다.

호찌민이 서두른 데에는 이유가 있었다.

1945년 7월 말, 전쟁 승리자인 연합국은 베를린 남쪽에 있는 포츠담에서 회담을 열어 전쟁 후의 영토 문제를 결정했다. 이 회담에서 승전국들은 베트남을 남과 북으로 분할하기로 했다. 그런 뒤 남쪽은 영국군이, 북쪽은 중국군이 점령해서 남아 있는 일본군을 무장해제시킨 뒤에 베트남을 다시 프랑스에게 넘겨주기로 한 것이었다.

이제 곧 남쪽과 북쪽으로 영국군과 중국군이 들이닥칠 것이다. 그들이 오기 전에 빨리 임시정부를 수립해서 좀 더 유리한 위치에서 베트남의 독립을 이룩해야 했다.

호찌민은 마음이 다급해졌고 발걸음이 빨라졌다.

베트남 민주공화국 초대 주석

8월 25일, 호찌민은 조용히 하노이에 들어왔다. 조용한 주택가 3층 집에 자리 잡고 임시정부 구성과 독립선언문 작성을 마무리했다. 8월 29일, 임시정부 각료 명단이 발표됐다. 초대 주석은 호찌민이었다.

9월 2일, 베트남 민주공화국의 독립이 선포되었다. 바딘 광장에 마련된 임시 연단에 호찌민 주석이 모습을 드러냈다. 보응우옌잡 장군이 사회를 보고 있었다.

"다음은 호찌민 주석의 연설이 있겠습니다. 호 주석은 평생을 조국 독립운동에 헌신한 애국자입니다."

사람들은 편안한 친척 아저씨 같은 호찌민에 열광했다.

하노이는 온통 축제 열기로 가득했다. 비록 극심한 가난에 굶주리고 있었으나 자신의 운명을 스스로의 손으로 개척할 수 있다는 기대감에 베트남 사람들은 온통 들떠 있었다.

며칠 후부터 호찌민 주석은 베트남 사람들 사이에서 '호 아저씨'라는 애칭으로 불려졌다.

또 다른 재앙

기쁨은 잠시였다. 곧 중국군이 몰려오기 시작했다. 중국의 루한 사령관이 이끄는 중국군은 군대라기보다는 차라리 한 무리의 불량배였다. 중국군은 베트남 국경을 넘자마자 약탈을 시작했다.

9월 9일, 중국군이 하노이에 도착했다.

갓 출범한 베트남 민주공화국은 커다란 재앙에 빠졌다. 중국군은 아무 대가 없이 베트남에서 물러나려고 하지 않을 게 뻔했다.

남쪽도 심각했다. 일본이 항복한 이후 베트민이 재빨리 권력을 장악했지만 불안하기만 했다.

9월 12일, 영국군 선발대가 사이공에 도착했다. 영국군 사령관은 치안 유지를 핑계로, 남아 있던 일본군에게 베트민 군대를 몰아내고 무기를 빼앗게 했다. 전쟁에서 항복한 일본군이 다시 베트남 사람들을 지배하는 웃지 못할 풍경이 벌어졌다. 뿐만 아니라, 영국군을 따라온 프랑스 군인들은 사이공 거리에서 마음 놓고 베트남 사람들을 때리고 잡아들였다. 사이공은 공포의 도시가 되었다.

남쪽에서는 프랑스가 옛 권력을 회복했다. 프랑스의 목적은 베트남 전체를 다시 식민지로 만드는 것이었다. 북쪽에선 중국군이, 남쪽에선 영국군과 프랑스군이 갓 태어난 베트남 민주공화국을 위협했다.

적은 베트남 내부에도 있었다. 호찌민과 경쟁하던 다른 정당 정치인들이 점차 세력을 키워 갔다. 그들은 호찌민을 공산주의자라고 비판했다. 그러면 국민당 장제스가 지배하는 중국의 루한 사령관이 호찌민을 적대시할 것으로 믿었다. 호찌민은 루한을 달래기 위해 아편을 뇌물로 보내는 일도 마다하지 않았다.

미국도 어렵기는 마찬가지였다. 미국은 호찌민을 적으로 여기지는 않았지만 그렇다고 친구라고 생각하지도 않았다. 호찌민이 응우옌아이꾸옥이란 이름을 쓰지 않은 이유는 미국의 지지를 얻기 위해서였다. 호찌민이 유명한 공산주의자인 응우옌아이꾸옥이라면 미국도 호찌민을 지지하지 않을 것이라 생각했기 때문이다.

어쨌든 신생 베트남 민주공화국에겐 친구가 없었다. 사방 안팎에 온통 적이었다.

"결국 우리가 믿을 건 우리밖에 없습니다."
호찌민은 미국 언론인과의 인터뷰에서 독백처럼 말했다.

한 손으론 협상, 한 손으론 전쟁 준비

베트남 민주공화국은 임시정부 수립 이후 하루도 편한 날이 없었다. 조국의 완전한 독립은 강대국의 도움이 아니라 스스로의 힘으로만 이룰 수 있다는 건 호찌민이 평생을 통해 얻은 교훈이었다. 호찌민은 프랑스와 평화 협상을 추진하는 한편 비밀리에 전쟁도 준비하기 시작했다.

남베트남에 있는 베트민군은 영국군과 프랑스군에 밀려 도시 외곽이나 밀림 속으로 흩어져 장기적인 게릴라전에 돌입했다.

호찌민은 베트남 민주공화국의 권력이 미치는 북베트남 지역에 정규군과 별도의 의용대를 조직했다. 병력을 크게 늘렸지만, 무기가 부족했다. 일본군으로부터 무기를 빼앗거나 돈을 모아 사들였다. 동포들이 굶주리면서도 한 푼 두 푼 돈을 모아 무기를 사는 데 보탰다. 그도 저도 안 되면 죽창이나 곡괭이, 낫 같은 농기구를 손에 들었다.

호찌민은 중국군을 믿고 호찌민에게 대드는 경쟁자들마저 보듬어 안으려 애썼다. 그러자 공산당 간부들이 불만을 터뜨렸다.

"중국군에 빌붙어 사는 저런 매국노들을 왜 그냥 두시는 겁니까?"

"아직은 때가 아닐세. 우리가 힘을 기를 때까지 기다리세. 쥐 한 마리가 내 방에 들어왔다고 그 방을 부수어 버릴 수는 없지 않은가?"

1945년 11월 11일, 호찌민은 인도차이나 공산당을 해체하겠다고 발표했다. 대신 인도차이나 마르크스주의 연구회라는 조직을 만들었다. 하지만 비밀리에 공산당은 계속 활동을 했다. 미국, 중국 같은 강대국과 베트남 내부의 경쟁자들로부터 공산주의자라는 비판을 받지 않기 위해서였다.

이듬해인 1946년 1월 6일 베트남에서 첫 선거가 실시됐다. 선거는 베트남 민주공화국 권력이 미치는 북부와 일부 남부에서만 치러졌다. 여기서 베트민이 90퍼센트 이상을 득표해 완벽한 승리를 거뒀다. 하지만 호찌민은 다른 정당 지도자들까지 모두 참여하는 연립 정부를 구성했다.

이제 완전한 독립을 위해 프랑스와의 협상이 시작되었다. 우선 중국군을 베트남 땅에서 철수시키는 게 호찌민과 프랑스 모두에게 당면 과제였다. 물론 속뜻은 서로 달랐다. 프랑스는 중국 군대가 물러가면 북베트남까지 모두 점령할 생각이었고, 베트민은 중국군을 내보낸 후에 외국 군대의 방해 없이 완전한 독립을 이룰 계획이었다.

중국과 프랑스는 서로 주고받는 흥정을 끝낸 후 중국군이 철수하기로 했다. 호찌민도 중국군 대신 프랑스군이 북베트남에 들어오는 것에 동의했다.

"호찌민 주석이 프랑스에 나라를 팔아먹었다."

호찌민의 반대 세력들이 들고 일어났다. 하지만 호찌민은 그들을 설득했다.

"당신들은 벌써 역사를 잊었는가? 중국은 베트남에 한번 들어오면 천 년 동안 떠나지 않았다. 그러나 프랑스는 오래 머물지 못한다."

프랑스와의 협상이 막바지에 이르렀다. 호찌민은 프랑스군이 북베트남에 들어오되 베트남의 독립과 통일을 인정해야 한다고 주장했다. 프랑스는 다른 것은 몰라도 독립과 통일은 안 되며 프랑스 지배하에서의 자치만이 가능하다고 주장했다.

1946년 3월 6일, 기나긴 협상이 끝났다.

"프랑스는 베트남의 완전한 독립을 인정하지 않고 프랑스 연합에 속하는 자치 국가로 인정한다. 베트남 통일을 위해 총선거를 실시한다. 프랑스군 1만 5천 명이 북베트남에 주둔한다."

만족스럽지 못한 협상 결과였다. 하지만 베트남의 완전한 독립을 위해서는 오늘의 모욕을 참고 견뎌야만 했다.

호찌민을 반대하는 경쟁자들은 목소리를 높여 비난했다.

"호찌민은 반역자다."

"호찌민은 프랑스에 속았다."

일반 국민들도 분노했다.

국방부 장관이자 게릴라 부대 사령관인 보응우옌잡 장군은 아내와 누이가 프랑스군에 처형돼 누구보다도 프랑스에 대한 증오가 컸지만 전혀 내색을 하지 않고 국민들에게 호소했다.

"내일을 위해 오늘의 협상 결과를 받아들입시다."

호찌민도 진심으로 호소했다.

"나는 조국을 배반하느니 차라리 백 번의 죽음을 택하겠습니다."

다시 파리에서

베트남에서 맺은 협정 결과에 대한 최종 서명은 프랑스에서 하기로 했다. 1946년 5월 31일, 베트남 대표단이 프랑스 파리로 떠났다. 대표단장은 호찌민이 신뢰하는 오랜 동지 팜반동이었다. 호찌민도 프랑스가 초청한 귀빈으로 함께 비행기에 올랐다.

파리는 호찌민에게 추억과 아픔이 어려 있는 도시였다. 1911년 응우옌땃타인이란 이름으로 첫발을 디딘 이후 1923년 응우옌아이꾸옥이 되어 모스크바로 탈출할 때까지 12년간 젊은 시절의 열정이 서려 있는 도시였다. 이제 23년 만의 방문에 달라진 게 있다면 그때는 쫓기는 몸이었지만 지금은 정부가 초청한 귀빈 신분이라는 것이었다.

비록 프랑스가 인정하는 완전한 독립 국가의 원수는 아니었지만 유럽 언론은 베트남의 위대한 지도자 호찌민을 대단한 인물로 주목했다. 호찌민이 가는 곳마다 기자들이 구름처럼 몰려들었다.

호찌민은 이런 관심을 베트남의 독립으로 끌어가고 싶었다. 그러나 프랑스는 베트남 국민들이 그토록 불만스러워하는 임시 협정마저 지킬 생각이 없었다. 회담이 시작되자 프랑스는 통일을 위해 총선거를 실시하기로 한 임시 협정을 깨고 남베트남을 분리하여 독립시키겠다고 선언했다. 남북을 갈라서 통치하겠다는 것이었다.

더 이상 협상이 진전될 리 없었다. 아무 성과도 없이 시간만 흘러갔다. 마침내 베트남 대표단은 9월 10일 회담 중단을 선언하고 베트남으로 돌아갔다. 그러나 호찌민은 그대로 돌아갈 수 없었다. 혼자 남아서 프랑스 정부와 마지막 협상을 벌였다. 그러나 프랑스는 막무가내였다. 오히려 호찌민에게 하소연했다.

"빨리 베트남으로 돌아가서 국민들의 반프랑스 감정을 잠재워 주시오."

"내가 지금 빈손으로 돌아가면 할 수 있는 일이 아무것도 없소."

호찌민이 돌아가지 않고 버티자 프랑스 정부는 호텔 숙박비를 내주지 않았다. 호찌민은 호텔에서 나와 친구의 집에 머물면서 끈질기게 프랑스 정부에 재협상을 요구했다. 호찌민은 말이 통하는 프랑스 대표 생트니에게 말했다.

"전쟁이 일어나 우리가 프랑스 사람 한 명을 죽일 때 당신네는 우리 열 사람을 죽이겠지요. 하지만 우리 땅에서 먼저 없어지는 쪽은 당신들일 거요."

프랑스는 호찌민을 베트남으로 빨리 돌려보내기 위해 '베트남과 휴전 협정을 맺겠다.'는 합의서를 급하게 만들었다. 프랑스에서 다섯 달 동안이나 머물며 얻은 협상 결과가 고작 휴전을 맺겠다는 내용이니 한심하기만 했다. 베트남의 독립과 통일에 대해선 한마디 언급도 없었다. 합의서에 서명한 뒤 호찌민은 프랑스 대표단에게 말했다.

　"난 지금 내 사형 집행 영장에 서명했소."

　호찌민은 프랑스 정부가 내준 비행기도 마다하고 굳이 배를 타고 돌아가겠다고 했다. 전쟁을 준비하려면 시간이 필요했다. 시간을 더 벌기 위해선 비행기보다 배가 나았다.

끝이 보이지 않는 전쟁

길을 걷기 시작하며 알았다, 걷는 길이 얼마나 험한지
겹겹이 두른 산을 넘자마자 또 산들이 닥치는구나

–〈옥중일기〉 '길을 걸으며' 중에서

"우리는 반드시 돌아온다!"

호찌민이 자리를 비운 동안 베트민은 더 강경해졌다. 내각은 강경파 인사들로 채워졌다. 호찌민 특유의 타협과 관용이 통하지 않았다.

남베트남 사이공에선 프랑스와의 협정에 따라 별도의 정부가 세워졌고 베트민군이 격렬하게 프랑스군과 싸우고 있었다.

프랑스와의 전쟁은 더 이상 피하기 힘들게 되었다.

11월 초 드디어 일이 터지고 말았다. 프랑스군이 북베트남의 관문인 하이퐁 항구 세관을 점령했다. 베트민군과 프랑스군 사이에 전투가 벌어졌다. 프랑스군은 엄청난 폭격을 하이퐁에 퍼부었다. 며칠 만에 베트남 민간인 수백 명이 죽었다.

호찌민은 프랑스 기자와의 인터뷰에서 단호하게 말했다.

"프랑스가 전쟁을 원한다면 우리도 피하지 않겠소. 우리는 자유를 얻기 위해 포기하지 않고 싸울 것이오."

1946년 12월 19일 저녁 8시, 북베트남의 프랑스 총독 생트니는 베트민군이 오늘 저녁 8시에 공격할 것이란 정보를 알고 있었다. 괘종시계가 8시를 알렸다. 하지만 밖은 조용했다.

"오늘은 아닌가 보군. 난 퇴근하겠소."

생트니가 비서들의 인사를 받으며 차에 올랐을 때였다. 멀리서 거대한 폭발이 잇달았고 하노이 도시 전체가 암흑에 뒤덮였다.

제1차 인도차이나전쟁이 시작되었다. 베트남과 프랑스가 싸운 이 전쟁은 8년간 계속되다가 1954년 프랑스 군대가 디엔비엔푸에서 대패함으로써 끝났다.

"총이 있는 자는 총을 들어라. 칼이 있는 자는 칼을 들어라. 그것도 없으면 곡괭이나 몽둥이라도 들어라. 조국을 위해 우리 모두 일어서자."

12월 20일, 마지막 호소를 남기고 호찌민은 프랑스군의 포위망을 뚫고 하노이를 탈출했다. 한 나라의 주석이 수도를 버리고 다시 밀림으로 들어갔다.

하노이에 남아 있던 의용군들은 치열하게 저항했지만 많은 희생을 남기고 도시를 빠져나갔다. 그들은 하노이를 떠나면서 벽에 검정 숯으로 이렇게 썼다.

"우리는 반드시 돌아온다!"

호찌민은 싸우는 한편 프랑스에 휴전과 평화 협상을 제안했다. 그러나 프랑스는 코웃음을 쳤다. 협상은커녕 베트남의 항복을 요구했다.

호찌민은 프랑스 대표에게 단호한 뜻을 전했다.

"당신들은 나를 겁쟁이로 만들려 하는데, 절대 그럴 일은 없을 것이오."

프랑스는 호찌민 주석이 이끄는 베트남 민주공화국 정부를 아예 인정하지도 않았다.

1947년 10월, 프랑스군은 베트민 사령부가 있는 비엣박 지역을 공격하기 시작했다. 프랑스 낙하산 부대가 베트민 사령부 근처에 내렸다.

그때 호찌민은 사령부에서 회의를 주재하고 있었다. 군인 한 사람이 회의장으로 뛰어 들어오며 외쳤다.

"동지들, 프랑스 낙하산 부대가 쳐들어오고 있습니다."

호찌민을 비롯한 간부들은 즉시 몸을 피했다. 프랑스 특수부대가 베트민 사령부에 도착했을 때 그곳은 텅 비어 있었다.

베트민군은 프랑스군과 마주치지 않았다. 그들이 공격하면 밀림으로 들어가 숨고 그들의 허점이 보이면 기습하는 게릴라 작전을 펼쳤기 때문이다.

베트민 사령부를 기습한 뒤 프랑스군은 더욱 오만해졌다.

"전쟁은 끝났다. 베트민은 더 이상 존재하지 않는다."

하지만 그것은 큰 착각이었다. 전쟁은 그때부터 시작이었다. 프랑스군의 패배도 그때부터 시작되었다.

다시 밀림으로

호찌민에게 밀림은 고향 같았다. 언제 끝날지 모르는 전쟁 앞에서 호찌민과 베트민군은 장기전 채비를 갖췄다. 베트남 민주공화국 주석인 호찌민의 짐은 책 몇 권과 작은 서류 가방과 타자기 한 대가 전부였다.

호찌민은 낙관적으로 말했다.

"오늘 메뚜기와 코끼리가 싸우고 있습니다. 하지만 내일 아침엔 코끼리가 피를 흘리며 쓰러져 있을 것입니다."

호찌민은 밀림 생활에서도 꽃밭과 채소밭을 가꾸는 여유를 보였다. 배구장, 평행봉도 만들어 놓고 운동을 즐기기도 했다. 주민들을 불러 저녁을 함께 먹고 악기도 연주하고 강연도 했다.

전쟁이 장기화되자 프랑스가 꾀를 냈다. 1948년 3월, 전 황제 바오다이를 앞세워 사이공에 새로운 정부를 세웠다. 꼭두각시 바오다이 정부와 프랑스는 이듬해 프랑스 엘리제 궁에서 화려한 협정 조인식을 가졌다.

"베트남은 프랑스 연합 내의 자치 국가로서 독립과 통일을 할 수 있다."

베트남 국민들의 절대적인 지지를 받는 베트민 정부는 밀림에

들어가 프랑스와 전쟁을 하고 있는데, 아무도 지지하지 않는 허수아비 전 황제가 베트남의 미래를 놓고 프랑스와 협정을 맺은 것이었다. 다들 비웃기만 했다.

1949년이 되자 중국에서는 공산당과 국민당 사이의 오랜 내전이 끝났다. 공산당 군대가 국민당을 몰아붙여 장제스가 타이완 섬으로 도망간 것이다. 이제 중국 대륙은 공산당이 장악해서 중화 인민공화국을 선포했다. 호찌민과 베트민 정부에겐 가뭄 끝의 단비 같은 소식이었다.

호찌민은 류사오치, 저우언라이 같은 중국 공산당 고위 지도자들과 개인적으로 매우 가까웠다. 베트남 민주공화국과 중화 인민공화국은 곧바로 강력한 동맹국이 되었다.

1950년 1월, 호찌민이 베트남 대표단을 이끌고 중국 베이징에 도착했다. 중국은 호찌민을 국가 원수로 극진하게 대접했다. 뿐만 아니라 베트남 민주공화국을 베트남의 유일한 정부로 인정했다. 처음으로 외국으로부터 베트남 민주공화국을 인정받은 것이다.

호찌민은 내친김에 모스크바에도 갔다. 그곳엔 중국 공산당 지도자 마오쩌둥이 와 있었다. 스탈린과 마오쩌둥 그리고 호찌민. 당대 가장 유명한 공산주의 지도자 세 명이 한 곳에 모였다.

1950년 1월 30일, 소련도 베트남 민주공화국을 베트남 내의 유일한 합법 정부로 인정했다. 이제 베트남 민주공화국은 게릴라가 세운 임시정부가 아니었다. 세계 초강대국 두 나라가 인정한 합법적인 정부였다. 게다가 호찌민은 이 자리에서 스탈린과 마오쩌둥으로부터 지원을 약속 받아 냈다.

호찌민은 베트남으로 돌아와 여전히 밀림 속의 게릴라 본부에서 전쟁을 지휘했다. 허름한 인민복과 타이어로 만든 샌들 차림으로 끊임없이 전선을 찾아다녔다. 호찌민은 군인들과 함께 밥을 먹고, 모래주머니를 나르며 진지를 구축했다. 호찌민은 그들에게 독립할 수 있다는 희망과 용기를 주었다.

프랑스군은 호찌민을 잡기 위해 기습과 폭격을 쉬지 않았지만 늙은 혁명가는 그들의 머리 위에 있었다. 호찌민은 예순이 넘은 노인이었지만 배낭을 짊어지고 젊은 군인들과 함께 하루에 50킬로미터가 넘는 산길을 거뜬히 걸었다.

1950년 9월 베트민군은 중국과의 국경 지대에 있던 프랑스 부대들을 한꺼번에 기습했다. 프랑스군은 수백 명이 죽고 엄청난 무기를 남겨 둔 채 후퇴했다. 이제 베트민군은 하노이만을 남겨 두고 베트남 북부를 다시 차지했다. 하노이 탈환도 눈에 보이는 듯했다. 사기가 하늘을 찔렀다.

라디오에서는 연일 베트민의 승리를 알렸다.

"우리는 계속 승리하고 있습니다. 내년 설날엔 호찌민 주석이 하노이에서 여러분과 만날 것입니다."

아! 디엔비엔푸

북베트남 군대는 하노이 주변 농촌 지역을 대부분 점령했다. 북베트남 군대가 점령하는 마을 입구에는 언제부터인가 빠짐없이 등장하는 이름이 있었다.

"호찌민 만세."

호찌민이라는 이름 자체가 북베트남 군인들에게는 강력한 무기였다. 호찌민은 어디에서든 군인들과 함께 했다. 이제 하노이 탈환도 시간 문제였다.

전쟁이 길어지는 건 호찌민에게도 유리한 일이 아니었다. 베트남 국민들은 프랑스로부터 독립되는 것을 원하면서도 끝없는 전쟁에 진저리를 쳤다.

전쟁 당사자인 프랑스나 프랑스를 지원하는 미국도 지쳤다. 미국과 프랑스 국내에서 평화적인 해결을 원하는 세력들이 점점 많아졌다. 결국 전쟁 당사국과 관련국들은 스위스 제네바에서 회담을 열기로 했다.

프랑스는 협상에서 유리한 고지를 차지하기 위해 회심의 공격을 준비했다. 라오스와 베트남 국경 산악 지대의 조그만 도시인 디엔비엔푸를 점령하기로 결정했다. 프랑스는 이곳에 공수부대를 투입해 순식간에 점령했다.

북베트남군도 물러설 수 없었다. 협상에서 밀리지 않으려면 디엔비엔푸에서 프랑스군을 반드시 물리쳐야만 했다. 호찌민은 이 작전을 지휘하는 보응우옌잡 장군에게 편지를 보냈다.

"이 작전은 군사적으로도, 정치적으로도, 국내적으로도, 국제적으로도 매우 중요하네. 우리 민족, 군대, 당 전체가 총단결해서 꼭 이겨야 하네."

1954년 1월, 양측의 운명을 건 전투가 시작됐다.

북베트남은 병력 5만 명을 동원해 디엔비엔푸를 포위했다. 베트남 민간인 수천 명이 무기와 식량을 등에 진 채 험한 산길을 걸어서 날라 주었다. 그들은 프랑스군의 폭격을 피해 밤에만 움직였다. 낮에는 길가에서, 때로는 여우 굴에서 잠을 자기도 했다. 하지만 베트남 사람들은 누구 하나 불평하지 않았다.

포위 당한 프랑스군은 비행기로 물자를 공급 받았다. 하지만 프랑스 비행기가 디엔비엔푸 골짜기에 나타나면 북베트남군의 모든 포와 총이 비행기를 향했다. 비행기는 하늘에서 산산조각 나고 낙하산을 타고 뛰어내리던 프랑스군은 땅에 닿기도 전에 목숨을 잃었다. 프랑스군은 우왕좌왕했고, 곧 절망에 빠졌다.

북베트남 군대가 총공격을 감행했다. 5월 6일, 마침내 프랑스군은 두 손을 번쩍 들고 항복했다. 병력 1만 6천 명 가운데 1천 500명이 죽고 나머지는 모두 포로로 잡혔다. 탈출에 성공한 프랑스군은 겨우 70명이었다.

디엔비엔푸는 프랑스 제국주의의 무덤이었다. 이것은 세계 제국주의 역사상 피지배 식민지 군대가 제국주의 군대로부터 완전 항복을 받아 낸 최초이자 유일한 전투였다.

위대한 승리였다.

이 승리는 아시아, 아프리카 식민지 민족들에게 희망의 불길이 되어 번져 나갔다.

민족 분단

디엔비엔푸 승리 다음 날인 1954년 5월 7일, 스위스 제네바에서 평화 회담이 시작됐다. 전쟁 영웅 보응우옌잡 장군의 뒤를 이어 이번엔 팜반동이 회담 대표로 또 다른 전쟁을 치러야 했다.

회담은 만만치 않았다. 강대국들은 각자 자신들의 이익 찾기에만 열중했다. 호찌민이 믿었던 소련과 중국의 태도도 마음에 들지 않았다. 그들은 미국의 눈치를 보며 베트남 편을 들어주지 않았다.

강대국들은 베트남을 남과 북으로 나눠, 북쪽은 베트남 민주공화국이 지배하고 남쪽은 전 황제인 바오다이 임시정부가 지배하는 쪽으로 결론을 내렸다. 당연히 베트남은 펄쩍 뛰었다.

"우리는 민족 분단을 절대 받아들일 수 없소."

그러자 2년 후 남북 총선거를 통해 국민들이 찬성하면 통일을 할 수 있다는 조항을 추가했다. 억울했지만 끝까지 반대할 수는 없었다. 한꺼번에 모든 것을 이룰 수는 없었다. 협상 대표단은 울분을 터뜨리면서 결국 2개월에 걸친 회담의 최종 협정서에 서명했다. 2년 후 베트남 민족의 완전한 통일을 기대하면서.

당에서는 회담 결과에 대해 불만을 토로하는 사람들이 적지 않았다. 민족 분단을 받아들일 수 없다는 것이었다. 그러자 호찌민이 설득에 나섰다.

"사람들은 말합니다. 우리가 계속 이겨 왔으니 이번에도 끝까지 싸우면 이길 수 있을 것이라고……. 하지만 이제 상대는 프랑스가 아닙니다. 미국입니다. 미국은 프랑스와 달리 아주 강한 상대입니다. 싸움은 전쟁터에서만 하는 게 아니라 국제무대에서도 하는 것입니다. 평화를 얻기 위해서는 복잡하고 힘겨운 투쟁을 해야 합니다."

1954년 10월 9일, 프랑스군은 협정에 따라 베트남에서 물러났다. 시민들이 거리로 뛰쳐나왔다. 독립을 외치며 시가행진을 했다.

다음 날 북베트남 군대가 하노이로 행진해 들어왔다.

10월 12일, 호찌민은 환영 행사도 없이 조용히 하노이에 들어왔다. 반쪽짜리 승리, 분단된 조국을 두고 축배를 들 수는 없었다.

프랑스 총독이 살던 총독궁에 호찌민의 거처가 마련되었다. 하지만 호찌민은 총독궁 근처에 있는 조그만 정원사의 건물에서 생활하겠다고 했다.

"지금 이런 상황에서 내가 저 호화로운 집에서 살 수는 없소."

아무도 호찌민을 말릴 수 없었다. 더 급한 것은 베트남의 경제를 회복하는 일이었다. 전쟁과 대홍수, 가뭄으로 북베트남의 경제 사정은 말이 아니었다. 당장 국민들이 굶어 죽지 않게 하는 것이 더 급했다.

한편 남베트남에선 쿠데타로 권력을 잡은 응오딘지엠 대통령이 미국의 지원을 등에 업고 독재정치를 하고 있었다. 응오딘지엠은 남베트남에서 호찌민 지지 세력을 몰아내려고 작심했다. 공산주의자 고발 운동을 시작해 수천 명을 잡아 감옥에 넣거나 그 자리에서 재판도 없이 처형했다.

한발 더 나아가 응오딘지엠은 제네바 협정을 무시하겠다고 선언했다. 남북 총선거를 하면 호찌민의 인기를 당할 수 없는 건 불을 보듯 뻔했다.

베트남의 통일을 바라지 않는 미국은 남베트남을 전폭적으로 지지했다. 미국은 애초부터 제네바 협정을 지킬 마음이 없었.

총선거를 통해 통일을 할 수 있다는 호찌민의 바람은 점점 멀어지고 있었다.

토지개혁 광풍

남베트남이 총선거를 거부하고 이를 미국이 지지함으로써 베트남의 분단은 굳어지는 듯했다. 하지만 북베트남 정부는 여기에 신경 쓸 여유가 없었다. 국민들의 먹고사는 문제가 더 급했기 때문이다.

1954년 토지개혁을 시작했다. 지주들의 땅을 빼앗아 가난한 사람들에게 나눠 주었다. 하지만 그 과정에서 부작용이 심각했다. 전국에서 수천 명이 노동자, 농민의 적으로 몰려 죽임을 당했다. 확인되지 않은 상태에서 무고한 사람들이 처형 당하는 경우가 많았다. 심지어 열성적인 혁명 운동가인데도 단순히 지주라는 이유 하나로 사형 선고를 받은 일도 있었다.

호찌민은 과격하게 치닫는 토지개혁을 막기 위해 여러 번 호소했다.

"토지개혁은 뜨거운 국물과 같습니다. 천천히 마셔야 다 마실 수 있습니다. 급하게 마시면 입만 다치게 됩니다."

그러나 이미 이성을 잃은 일부 농민들에게 호찌민의 목소리가 들리지 않았다. 토지개혁 광풍은 멈추지 않았다.

마침내 1956년, 토지개혁 광풍이 가라앉기 시작하며 비판과 반성이 잇따랐다. 그해 9월 전당대회가 열렸다. 분위기는 단호했다. 토지개혁을 주도했던 당 최고 권력자들을 몰아내자는 결정이 내려졌다.

그렇다고 토지개혁 부작용이 끝난 것은 아니었다. 토지개혁으로 고통을 겪고 있던 수천 명의 사람들이 바딘 광장으로 몰려와 시위를 했다.

보응우옌잡 장군이 군중 앞에 나가서 토지개혁의 잘못을 인정하고 사과했다. 이듬해 2월에는 호찌민이 울면서 연설했다.

"가난한 농민들을 위한 토지개혁 대의는 옳았습니다. 하지만 그 과정에서 고통 받은 사람들이 너무 많았던 것에 대해 당은 깊이 사과를 드립니다."

호찌민은 당 총서기 자리를 내놓았다. 그리고 좀 더 홀가분한 상태에서 글을 쓰고 사람들을 만나는 일을 했다.

불길한 그림자, 미국

베트남의 통일은 멀어 보였다. 제네바 협정대로 남북 총선거를 통해 통일이 될 것이란 기대는 산산조각 난 지 오래였다. 1956년 프랑스군이 남베트남에서 철수한 뒤, 베트남에서 유일하고 강력한 외국 세력이 된 미국은 제네바 협정을 지킬 마음이 전혀 없었다. 소련과 중국도 베트남의 통일을 바라는 것 같지 않았다. 그들은 미국과 좋은 관계를 유지하는 데만 신경을 썼다.

남베트남 응오딘지엠 정부는 날이 갈수록 북베트남 지지자를 잡아서 처형하는 데 열을 올렸다. 1957년부터 2년 동안 2천 명이 공산주의자라는 이유로 단두대의 이슬로 사라졌다. 응오딘지엠은 급기야 공산주의자라고 의심만 돼도 재판 없이 사람을 사형시키는 악법을 만들어 시행했다. 남베트남은 공포 사회였다.

게다가 응오딘지엠 대통령의 동생이 장관 자리에 앉고 친인척들은 뇌물로 배를 채우는 데 열중했다. 그래도 미국은 베트남 전체의 공산화를 막는다는 이유로 응오딘지엠 정권을 밀어주고 있었다.

남베트남에서 활약하는 공산주의자들의 투쟁이 거세졌다. 이들은 1960년 12월 별도의 조직을 만들었다. '남베트남 민족 해방 전선'이었다. 이 군대가 바로 베트콩이다.

미국이 남베트남을 지원할수록 호찌민도 소련과 중국 사이에서 외교를 통해 더 많은 지원을 끌어 오려고 노력했다. 오직 호찌민만이 할 수 있는 일이었다.

통킹 만 사건

1963년 봄, 남베트남 응오딘지엠 대통령의 독재와 부패에 항의하는 한 스님이 사이공 길 한가운데에서 스스로 몸을 태워 자살했다. 전 세계가 그 모습에 경악했다. 미국도 더 이상 응오딘지엠을 지켜 줄 가치가 없다고 생각했다.

남베트남의 젊은 장교들이 미국의 승인 아래 쿠데타를 일으켰다. 그들은 응오딘지엠 대통령을 죽이고 새 정권을 세웠다. 남베트남은 그때부터 툭하면 쿠데타가 일어났다.

그럼에도 북베트남은 남베트남에서 활동하는 동지들을 지원하기가 어려웠다. 미국이 두 눈을 부릅뜨고 있는 마당에 베트콩을 도우면 그건 곧바로 미국과의 전면전을 뜻하기 때문이었다.

호찌민은 당의 어른으로서 당 지도부에게 베트남이 상대할 대상이 미국이라는 걸 끊임없이 일깨워 주었지만, 젊은 당 지도부는 호찌민의 충고를 귀담아듣지 않았다. 급기야 북베트남 노동당 지도자들은 남쪽에 정규군을 파견하기로 결정했다. 미국과 전면전을 불사하겠다는 뜻이었다.

하지만 세계 최강대국 미국은 호시탐탐 북베트남을 공격할 구실만 찾고 있었다. 1964년 8월 2일, 베트남 북부 통킹 만에 미국 해군 함정이 나타났다. 북베트남 해군이 공격했다. 간첩 활동에 대한 응징이었다. 미국은 기다렸다는 듯 대대적인 공격에 나섰다. 이유는 미국 군함이 일상적인 순찰 활동을 했을 뿐 간첩 활동을 하지 않았다는 것이었다. 진실은 중요하지 않았다. 미국은 북베트남을 공격하기 위한 핑계를 찾던 중 아주 좋은 구실을 잡은 것이었다. 이로써 제2차 인도차이나전쟁이 시작됐다.

초기에 미국은 전투 폭격기를 동원해 통킹 만을 쑥대밭으로 만들었다. 그리고 다음 해인 1965년 2월부터 북베트남 전역에 폭탄을 퍼붓기 시작했다. 사상 최대의 살육전이 시작된 것이다. 베트남 방방곡곡이 불바다로 변했다. 심지어 미국의 뉴욕타임즈는 이렇게 보도했다.

"미군은 베트남에서 민간인 집, 학교, 교회, 병원, 상점, 공장 등 가리지 않고 도시나 마을 전체를 폭격해 폐허로 만들고 있다."

이는 베트남의 비극이었지만 또한 미국의 비극이었다. 미국은 도저히 이길 수 없는 전쟁에 말려들고 말았다. 프랑스가 지고 물러난 지 10년 만에 미국이 그 길을 걷게 됐다. 세계 역사상 가장 더러운 전쟁을 일으킨 주범이라는 손가락질을 받으면서.

호찌민과 베트남

지친 새들 숲으로 돌아와 쉴 곳을 찾는데
한 조각 구름 느릿느릿 하늘을 건너가네

-〈옥중일기〉'저녁' 중에서

늙은 혁명가

전쟁은 점점 치열해졌다. 미군은 호찌민 주석의 관저를 향해서도 폭탄을 떨어뜨렸다. 호찌민은 오두막 같은 관저에서 잘 때보다 지하 방공호에서 자는 날이 더 많았다. 미국은 동남아시아의 작은 나라에게 지지 않기 위해 점점 더 많은 군대와 무기를 베트남으로 보냈다.

전 세계가 이 전쟁을 주목했다. 미국보다 먼저 베트남에게 패배하고 돌아간 프랑스의 드골 대통령마저 호찌민을 잘 아는 생트니를 특사로 보내 미국과 화해를 주선하려고 했다.

피할 수 있다면 피해야겠지만 어차피 시작된 전쟁, 반드시 이겨야 했다. 평소 온건하고 합리적이었던 노 혁명가 호찌민은 생트니에게 단호하게 말했다.

"미국은 베트남 땅 전부를 파괴할 능력이 있지요. 하지만 우리 동포 모두가 죽는 한이 있더라도 싸울 것입니다. 이 전쟁을 끝내는 유일한 길은 미국이 이 땅에서 물러나는 것뿐입니다."

미국은 단 하루도 거르지 않고 베트남 땅에 폭격을 가했다. 1975년 전쟁이 끝날 때까지 미국이 베트남에 퍼부은 폭탄은 1천 500만 톤이나 되었다. 전쟁 기간 동안 미군은 5만 5천 명이 죽었지만 베트남 사람들은 100만 명 이상이 죽고 400만 명이 다쳤다.

가장 중요한 것, 독립과 자유

1965년 일흔다섯 살의 노인 호찌민은 눈에 띄게 수척해졌다. 하지만 건강검진을 받으라는 조언이 있을 때마다 단호하게 뿌리쳤다.

"내 건강을 챙길 시간이 있으면 더 중요한 다른 일을 하시오."

호찌민이 모스크바를 방문했을 때 한 측근은 "이건 당의 결정입니다."라고 말하며 호찌민을 억지로 병원에 데려간 적도 있었다.

이제 정치와 전쟁은 젊은 지도자들의 몫이었다. 호찌민은 정치 일선에서 한 발 물러서 있었다. 호찌민은 외교와 공식적인 행사에만 참석했다.

하지만 세월을 이길 수는 없었다. 호찌민은 먼 곳 나들이도 힘들어졌다. 주로 관저에 머물며 어린이와 노동자, 군인 등 그가 항상 만나고 싶어하는 사람들을 만났다.

1966년 7월 호찌민은 그 유명한 메시지를 베트남 사람들에게 보냈다.

"독립과 자유보다 중요한 것은 없습니다."

한 해가 지나자 호찌민은 회의 참석도 힘들어졌다. 중요한 회의는

관저 1층 시멘트 바닥에서 열렸지만 대부분 호찌민이 없는 상태에서 진행되었다. 긴급한 일이 생겨도 호찌민이 없는 상태에서 결정이 되었다.

총서기 레주언은 중요한 일이 생길 때마다 이렇게 말했다.

"이런 일로 호 아저씨께 걱정을 끼쳐 드리지 맙시다."

이제 베트남 민주공화국은 호찌민이 없어도 문제가 없었고, 미국과의 전쟁은 여전히 계속되었다. 그러나 국민들은 아직도 호찌민 없는 베트남을 상상할 수 없었다.

1967년 일흔일곱 살의 호찌민은 중국 여행을 떠났다. 행선지는 광저우. 치료가 목적이었지만 또 다른 의미도 있었다. 광저우는 젊은 시절 호찌민이 혁명의 열정을 태웠던 곳, 마음의 고향이었다.

호찌민이 중국에서 요양하는 시간이 차츰 늘어났다. 물론 베트남 국민들에겐 비밀이었다. 혹시 호 아저씨의 건강이 악화됐다는 걸 국민들이 알게 되면 그건 큰 낭패였다. 전쟁이 한창인데 그 사실이 알려지면 적군은 사기가 올라가고 베트남 국민들은 슬픔에 잠길 게 뻔했다.

병상에서

베트남에 주둔하는 미군은 50만 명에 이르렀다.

미국 국내에서는 전쟁을 빨리 중단하라는 여론이 거세게 일었다. 미국은 고민에 빠졌다. 결국 미국은 베트남과 협상을 하기로 했다. 호찌민은 북베트남과 미국이 파리에서 평화 회담을 시작하는 것을 보며 흐뭇해했다.

정치국원인 레득토가 중국에서 요양중인 호찌민을 찾아갔다. 레득토는 여러 가지 상황을 보고하며 남베트남으로 출장을 가겠다고 말했다.

"그래? 그럼 나도 함께 가겠네."

"캄보디아 항구를 통과해야 하는데 그러자면 비자가 필요합니다. 주석님의 유명한 턱수염 때문에 다른 사람들이 금방 알아볼 텐데요."

"그럼 턱수염을 깎아 버리지, 뭐."

"그럼 남쪽의 우리 동포들이 주석님을 못 알아볼 텐데요."

"그럼 선원 행세를 하며 몰래 배를 탈 수도 있고, 화물칸에 숨어 갈 수도 있는데……."

"알았습니다. 한번 알아보겠습니다."

레득토는 늙은 혁명가를 달래기 위해 거짓말을 했다.

레득토가 인사를 마치고 일어서려 하자 호찌민은 그만 그를 얼싸안고 울음을 터뜨렸다. 그는 예전의 호찌민이 아니었다. 병색이

완연한 노인네였다.

이제 베트남 민주공화국은 호찌민 없는 시대를 준비할 수밖에 없었다.

"동지들을 보고 싶다."

호찌민은 이미 1965년 당 총서기 레주언을 불러 놓고 유언장을 작성했다. 유언장은 여러 번 고쳐 썼다. 유언장엔 자신을 화장해 아직 통일이 되지 않은 남쪽 조국에 뿌려 달라는 말과 개인숭배를 하지 말라는 당부 등이 포함되어 있었다. 살아 있을 때도 호찌민은 자신을 숭배하는 분위기를 경계하곤 했다.

1957년의 일이다. 호찌민은 그때서야 자신이 전설적인 혁명가 응우옌아이꾸옥임을 밝히고, 떠난 지 46년 만에 고향 킴리엔을 방문했다. 그때 당 간부들은 킴리엔에 호찌민 기념관을 지으려고 했다.

호찌민은 단호하게 반대했다.

"지금 그 돈이 있으면 공장이라도 하나 더 지어서 인민들이 먹고 살게 해야지요."

지금 호찌민의 고향엔 그가 살았던 조그만 오두막집이 복원돼 있을 뿐이다.

호찌민은 병상에 누워서도 남베트남에서 싸우고 있는 동지들을 만나고 싶어 했다. 1969년 5월 19일, 호찌민이 이승에서 맞은 마지막 생일날, 당 간부들에게 말했다.

　"남베트남을 해방시키는 승리의 그날이 오면, 오래전부터 생각해 왔던 남베트남 방문이라는 선물을 동포들에게 주고 싶소."

　그러나 그 선물은 끝내 주지 못했다. 죽음을 눈앞에 두고도 호찌민은 계속 말했다.

　"투쟁에 나선 전사들과 동포들을 직접 만나고 싶소. 10분 아니 5분만이라도."

　8월 들어 호찌민의 병세가 악화됐다. 숨쉬기도 어려웠고 심장 박동은 불규칙했다. 오랜 동지인 팜반동 총리가 자주 찾아가 말벗이 되어 주었다.

　하지만 1969년 9월 2일 오전 9시 47분, 베트남의 위대한 지도자 호찌민은 영원히 잠들었다. 그가 그토록 만나고 싶어 했던 동포들은 아직도 전쟁의 한가운데에 있었다.

　9월 9일 아침 8시, 호찌민은 투명 유리관에 누워 영원히 잠든 채 인민들과 이별했다. "인민의 돈과 시간을 장례식에 낭비하지 말라."는 유언대로 장례식은 정확히 35분 만에 끝났다. 하지만 엄숙하고 장중했다. 팜반동 총리는 몸을 가누지 못하고 격렬하게 흐느꼈다.

"조국 통일은 아직 멀었는데……."

호찌민 없는 베트남

호찌민 주석의 통치 스타일은 두 가지로 정리할 수 있다. 하나는 개인숭배를 철저히 금했다는 것이고 또 하나는 집단 지도 체제를 구축했다는 점이다. 따라서 호찌민이 죽은 뒤에도 베트남은 전혀 흔들리지 않았다.

그러나 베트남 인민들에게 정신적 지주가 사라졌다는 것은 그 무엇으로도 메울 수 없는 커다란 슬픔이자 손실이었다. 아직도 미국과의 전쟁은 한창이었다. 전쟁에서 이기려면 전 인민의 일치단결이 꼭 필요했다. 인민을 일치단결 시키는 중심, 그건 바로 호찌민이었다. 죽어서도 호찌민은 그 중심에서 떠나지 않았다. 떠날 수가 없었다.

국가 지도자들은 여러 번 회의를 거듭한 끝에 호찌민 시신을 영구 보존하기로 결정했다. 문제는 호찌민의 유언을 지키지 못한다는 점이다.

당 총서기 레주언이 말했다.

"호 아저씨의 유언 가운데 가장 중요한 것은 조국 통일을 이루는

것입니다. 동포들에게 호 아저씨의 모습을 보여 주면 통일을
앞당길 수 있을 것입니다."

당시 베트남 지도자들이 호찌민의 시신을 권력을 강화하고
유지하는 데에 이용했는지 모르지만, 분명한 건 죽은 뒤에도
호찌민은 베트남의 정신적 지주 자리에서 떠나지 않았다는 사실이다.

전쟁은 날이 갈수록 미국에게 불리해졌다. 전선이 따로 없었다.
베트남 방방곡곡이 모두 미군의 전투 지역이었다. 미군은 심지어
"미군 주변에서 움직이는 모든 것을 죽인다."는 끔찍한 전술을
사용하기도 했다. 미국 군인들은 왜 싸우는지도 모른 채 싸우다가
죽어 갔다.

호찌민 정신으로 무장한 북베트남 군대의 최대 강점은
포용력이었다. 북베트남과 싸우던 남베트남 군인들을 포로로 잡으면
호찌민의 이름으로 모든 걸 용서해 주고 감싸 안았다. 그리고 함께 그
총부리를 미군에게 향했다. 미국이 절대 이길 수 없는 전쟁이었다.

이제 남베트남 정부는 미군 없이는 한순간도 존립할 수 없었고,
미국은 패배가 너무도 뻔한 전쟁에 진저리를 내고 있었다. 전 세계가
미국에게 더러운 전쟁의 주역이라고 비난했고 미국 국민들도
쓸데없는 전쟁을 끝내라고 격렬하게 항의했다.

1973년 2월 마침내 북베트남과 미국은 파리에서 평화협정에

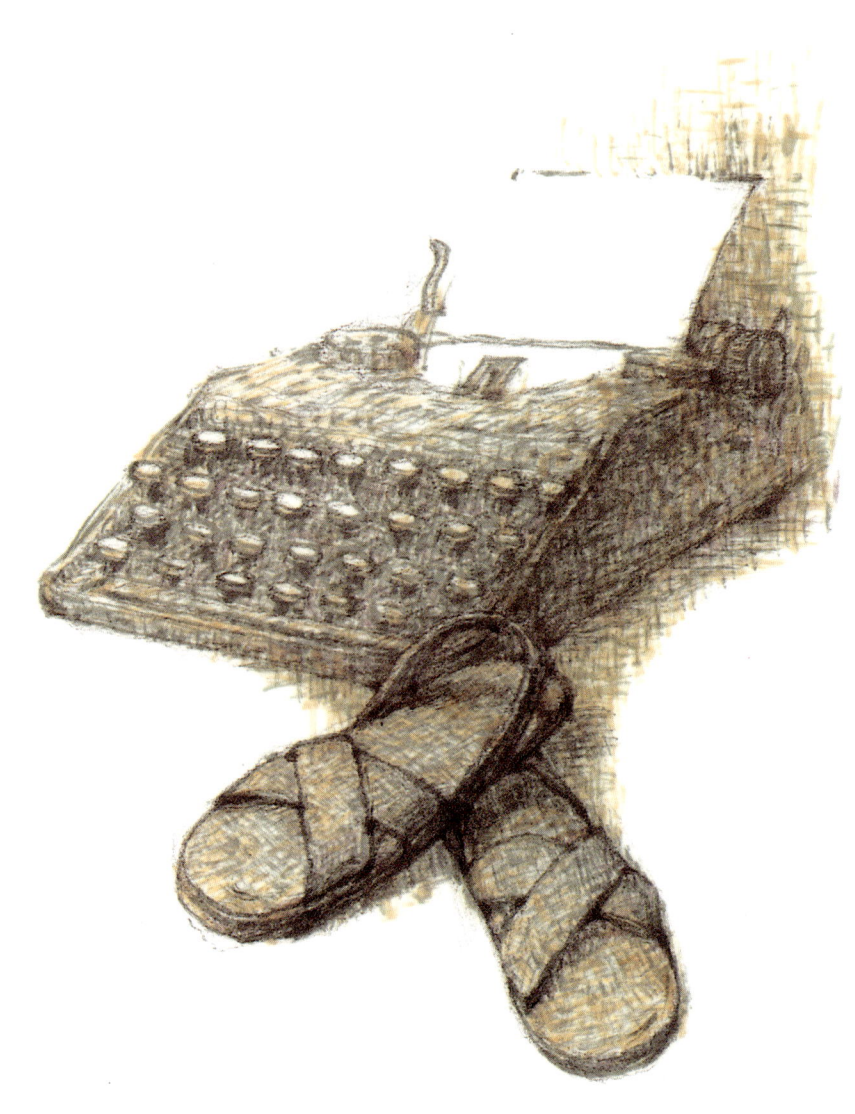

서명했다. 미군이 베트남 땅에서 철수를 시작했다. 1975년 4월 30일 북베트남 군대가 사이공을 점령했다. 바로 이틀 전 쿠데타로 정권을 잡았던 군인 출신 응우옌반티에우 대통령은 감춰 두었던 금덩이를 비행기에 싣고 해외로 도망갔다. 불과 이틀 동안 남베트남의 마지막 대통령 자리를 지켰던 즈엉반민은 항복했다. 그리고 다음 해인 1976년, 통일 베트남 사회주의 공화국이 수립되었다.

국민들과 하나 된 지도자

　인도와 중국 사이, 인도차이나 반도에 있는 기다란 나라 베트남. 베트남은 서구의 제국주의가 아시아로 몰려오던 19세기 말부터 1975년 미국이 베트남 땅을 떠나는 순간까지 제국주의와의 싸움이 한시도 멈추지 않았던 고난의 땅이었다. 이런 베트남에서 호찌민은 독립과 통일의 상징이며 베트남의 자랑이다.

　베트남의 위대한 지도자 호찌민은 어떤 모습으로 베트남 사람들에게 기억되고 있을까? 세 살짜리 꼬마 아이가 품에 안겨 수염을 만지작거리고 그걸 그윽이 바라보는 할아버지. 바로 이 모습이다. 베트남 사람들은 호찌민이 살아 있을 때나 죽은 지 30년이 지난 지금에나 그를 '호 아저씨'라 부른다. 지도자와 하나 된 국민, 바로 이것이 기나긴 전쟁에서 승리의 원동력이 되었다.

　호찌민 평생을 통해 목표는 단 하나였다. 조국 베트남의 해방과 독립, 분단된 조국의 통일. 호찌민은 이를 달성하기 위한 가장 효과적인 방법이 공산주의 혁명이라고 믿었다. 얼핏 전혀 어울릴 것 같지 않은 민족주의와 마르크스주의를 절묘하게 결합시켜서 성공을 거둔 세계 유일의 지도자가 바로 호찌민이다.

호찌민은 아시아, 아프리카 약소민족들에겐 민족 해방의 영웅이었다. 서구에서는 프랑스와 미국 등 제국주의자들을 무릎 꿇게 한 호찌민을 의도적으로 낮게 평가하려는 경향이 있다. 하지만 그에 대한 평가는 지금도 나날이 새로워지고 있다. 평생 약자들 편에서 헌신한 지도자 호찌민은 21세기에도 그 의미가 결코 퇴색되지 않을 것이다.

호찌민은 혁명가였지만 교육자처럼 많은 가르침을 남겼다. 가르침의 주제는 네 가지였다. 부지런함, 검소함, 깨끗함과 정직함이다. 이는 오늘날 베트남 교육의 토대가 되어 있다. 그의 검소함은 살던 집을 보면 생생하게 알 수 있다. 그가 살던 주석 관저는 조그만 오두막집이다. 그 안의 가구들도 모두 소박한 것들뿐이다.

호찌민은 1969년 조국의 통일을 보지 못하고 죽었지만 단결이라는 유언을 남겼다. 그가 죽고 난 뒤 다가올 통일 시대, 지역 갈등을 예견이라도 한 것처럼 호찌민은 남북간의 단결을 호소했다.

북베트남 사람들은 남베트남 사람들을 '자본주의에 물들어 정신 상태가 썩은 사람들'이라 욕한다. 남쪽 사람들은 북쪽 사람들을 '머리가 굳은 가난뱅이들'이라 업신여긴다. 통일된 지 30년이 넘었는데도 아직 남북간 지역 갈등은 남아 있다. 그러나 그들은 호찌민의 이름 아래 하나가 된다. 지금 호찌민이 살아온다면 자신을 욕하는 일부 남베트남 국민들에게 무슨 말을 할까?

"사랑하는 내 조국 인민들이 나를 이해할 때까지 기다리겠소."

이렇게 호소하는 호찌민의 목소리가 귀에 들리는 듯하다.

호찌민 ● 연보

1890년 5월 19일 베트남 중부 낌리엔에서 태어남. 출생 당시 이름은 응우옌신꿍.
1901년 어머니 사망.
1901년 응우옌땃타인으로 이름 바꿈.
1907년 수도 후에에 있는 프랑스식 국립학교인 꾸옥혹에 입학.
1908년 세금 반대 시위에 가담한 죄로 꾸옥혹에서 퇴학.
1911년 6월 프랑스 기선 아미랄 라투셰 트레빌의 보조 요리사로 사이공을 떠남.
1912년 미국에서 노동자로 일하면서 흑인 조직 활동에 참여함.
1914년 영국 런던에서 청소부, 보일러공으로 일하면서 '해외 노동자 동맹'에 가입.
1917년 프랑스 파리로 건너감.
1919년 안남 애국자 연합 결성. 이름을 응우옌아이꾸옥으로 바꾸고 '안남 민족의 요구' 발표.
6월 프랑스 사회당 입당.
1920년 '코민테른 협력 위원회' 위원이 됨.
1921년 국제 식민지 연맹 결성.
1922년 〈르 파리아〉 창간.
1923년 6월 모스크바로 감. 12월부터 스탈린 학교에서 교육 받음.
1924년 11월 중국 광저우 도착.
1925년 광저우에서 '베트남 혁명 청년회' 결성. 〈청년〉 창간.
1926년 중국 여자인 땅뚜엣밍과 결혼하고 딸 하나를 둠.
1927년 5월 장제스 군대의 공산주의자 검거 열풍에 광저우 탈출.
1928년 7월 태국 도착. 베트남 동포들을 대상으로 조직 선전 활동.

▲ 호찌민은 치열한 전쟁 한가운데에서도 농사를 지었다.

▲ 프랑스와 전쟁이 한창이던 1946년에서 1954년 사이, 베트남 북부 뚜옌꽝 지역에서 작전 수행 중인 호찌민.

▲ 프랑스와 전쟁 중 베트민 사령부에서 보고를 받는 호찌민.　　▲ 호찌민은 늘 어린이들을 소중히 여겼다.

1930년 베트남 공산당 창당. 10월 인도차이나 공산당으로 이름이 바뀜.
1931년 6월 홍콩에서 영국 경찰에 체포됨.
1932년 12월 홍콩에서 석방됨.
1934년 모스크바 도착.
1938년 9월 중국 팔로군에서 일함.
1940년 베트남 독립 동맹(베트민) 출범. 호찌민이라는 이름으로 활동.
1941년 베트남 비밀 입국. 팍보 마을 동굴에서 생활. 〈독립 베트남〉 창간.
1942년 8월~1943년 9월 중국 국민당 정부 경찰에 체포 당함. 〈옥중일기〉 집필함.
1944년 베트남 해방군 부대 창설.
1945년 8월 일본 항복. 임시정부 수립. 임시정부 주석 취임.
9월 2일 독립 선언. (이후 북부에 중국군이, 남부에 영국군이 들어와 프랑스 식민지 정부를 다시 세움.)
1946년 1월 민족주의자들과 연립 정부 구성. 5개월간 프랑스 방문 협상. 12월 제1차 인도차이나전쟁 발발.
1948년 3월 남베트남에서 프랑스의 지원 아래 전 황제 바오다이가 임시정부 수립함.
1950년 중국, 소련 방문. 양국의 지원 약속 받음.
1954년 디엔비엔푸에서 대승. 제네바 협정 맺음. 프랑스 대신 미국이 남베트남에 개입.
1957년 레주언이 호찌민 뒤를 이어 총서기에 오름.
1964년 8월 미군이 통킹 만 폭격 제2차 인도차이나전쟁 발발.
1969년 9월 2일 오전 9시 47분 호찌민 세상을 떠남.
1973년 파리 협정 맺음. 현 상태 휴전과 함께 미군 전면 철수 합의.
1975년 4월 30일 베트남 인민군 사이공 점령.
1976년 통일 베트남 사회주의 공화국 수립.

참고 문헌

1. 〈호치민 평전〉 윌리엄 듀이커 지음, 푸른숲 펴냄
2. 〈호치민 평전〉 찰스 펜 지음, 자인 펴냄
3. 〈호치민〉 다나 로이드 지음, 대현출판사 펴냄
4. 〈호치민-혁명과 애국의 길에서〉 다니엘 에므리 지음, 시공사 펴냄
5. 〈호지명 옥중일기〉 안경환 옮김, 조명문화사 펴냄
6. 〈은박지에 새긴 사랑〉 김남주 편역, 푸른숲 펴냄
7. 〈앙코르와트 월남 가다〉 김용옥 지음, 통나무 펴냄
8. 〈호 아저씨 호치민〉 김이은 지음, 이룸 펴냄
9. 〈From Colonialism to Communism〉 Hoang Van Chi 지음, Pall Mall Press 펴냄
10. 〈Days with Ho Chi Minh〉 Foreign Language Publishing House 펴냄